Stockholm

Petra Juling

Inhalt

Das Beste zu Beginn
S. 4

Das ist Stockholm
S. 6

Stockholm in Zahlen
S. 8

Was ist wo?
S. 10

Augenblicke
Kaffee muss sein
S. 12
Expedition in der Großstadt
S. 15
Feiern mit Aussicht
S. 17

Ihr Stockholm-Kompass
15 Wege zum direkten Eintauchen in die Stadt
S. 18

 Königliches Stockholm – **rund ums Schloss**
S. 20

 Giebelhäuser und Altstadtgassen – **Gamla stan**
S. 25

 Das kalte Herz der Großstadt – **Norrmalm**
S. 29

 Wahrzeichen am Wasser – **das Rathaus**
S. 32

 Promenade am Ostseestrand – **Strandvägen**
S. 36

Für Foodies und Stilbewusste – **rund um Östermalms saluhall**
S. 40

 Neue Kunst und alte Schiffe – **Skeppsholmen**
S. 44

Sensationsfund nach 300 Jahren – **Vasamuseet**
S. 48

Im ältesten Freilichtmuseum der Welt – **Skansen**
S. 52

Natur erleben in der Großstadt – **Djurgården**
S. 56

Schaufenster und Stadtpanorama – **Södermalms Norden**
S. 60

Feiern im Szeneviertel – **ein Abend in ›SoFo‹**
S. 64

Streifzug durch Stockholms Sibirien – **Vasastan**
S. 68

Versailles am See – **Schloss und Park Drottningholm**
S. 73

Kurztrip in die Schären – **Fjäderholmarna**
S. 76

Stockholmer Museumslandschaft
S. 78

Moderne Architektur und Design
S. 81

Wildnis-Abenteuer in der Großstadt – Urban Outdoor
S. 82

Pause. Einfach mal abschalten
S. 84

In fremden Betten
S. 86

Satt & glücklich
S. 90

Stöbern & entdecken
S. 98

Wenn die Nacht beginnt
S. 104

Hin & weg
S. 110

O-Ton Stockholm
S. 114

Register
S. 115

Abbildungsnachweis/Impressum
S. 119

Kennen Sie die?
S. 120

Das Beste zu Beginn

Promenade am Wasser
Das erste Stockholm-Gefühl bekomme ich bei einem Spaziergang vom Kungsträdgården, wo die Statue von König Karl XII so gebieterisch die Richtung weist, bis zur Norrbro, nicht ohne die wirbelnden Wasser mit darüber kreisenden Möwen und eifrigen Anglern zu bemerken, und dann hinein ins Gassengewirr von Gamla stan.

Stockholm vom Wasser aus, bequem
Bei jeder Stockholmreise fahre ich wenigstens einmal mit der Djurgården-Fähre nach Skeppsholmen. Unterwegs hat man einen fantastischen Blick auf das Stadtpanorama. Besonders toll im Winter mit auf dem Wasser treibenden Eisschollen.

Stockholm vom Wasser aus, sportlich
Warum nicht selber paddeln? Supersportlich müssen Sie nicht sein, zumindest bei ruhigem Wetter und wenn es keinen Gegenwind gibt. Boot mieten ist leicht, Schwimmweste anlegen ein Muss und Vorkenntnisse nützen. Dann einfach lospaddeln, rund um Djurgården oder am Strandvägen vorbei.

Stockholm quer, hoch und tief
Steigen Sie ein in die Tvärbana – mit der ›Querbahn‹ geht es durch Industriegebiete, Wohnviertel und Vororte. Bei der großteils überirdisch fahrenden Bahn ergeben sich Aussichten auf Stockholms einzigartige Stadtlandschaft: felsige Klippen, hohe Brücken, tiefe Schluchten und viel Wasser; besonders schön: die Strecke von Alvik bis Gröndal. Am Ende der Linie liegt der innovative Stadtteil Hammarby Sjöstad (▶ S. 67).

Kunst in der U-Bahn
Stockholms U-Bahn-Stationen sind mehr als zugige Stätten des Wartens: Man kann ein Kaleidoskop zeitgenössischer Kunst darin sehen, darunter Werke namhafter Künstler und erstaunliche Kreationen – 90 von 100 Stationen sind mit Kunst bestückt; eine Broschüre der Verkehrsbetriebe SL gibt Auskunft, und es gibt Gratisführungen zur U-Bahn-Kunst, Fahrkarte genügt, www.sl.se.

Das Beste zu Beginn

Wo die Nächte kurz sind ...
... weil die Sonne zwischen Mitte Juni und Anfang August nur für wenige Stunden untergeht und eine Art Dauer-Dämmerung einsetzt, kann man herrlich draußen feiern oder auch einfach nur durch die Stadt bummeln in Stockholms ›weißen Nächten‹. Übrigens: Von Mai bis Ende September ist es in diesen Breiten tatsächlich länger hell als in München oder Stuttgart!

Rummelplatz im Grünen und Frei-Kreisch-Zone
Gröna Lund ist eine Institution und aus Stockholm nicht wegzudenken: mit Shows und Live-Auftritten bekannter Stars, Nervenkitzel und Nippesverkauf. Spaß mit nostalgischen Schießbuden, Zirkuskarussell und den neusten Highlights der Kirmesindustrie wie einem 80-m-Turm zur Übung des freien Falls – ohne Kreischen hält das keiner aus! Nicht verpassen: im Kettenkarussell direkt am Ufer übers Wasser fliegen oder im ›Lustiga Huset‹ versuchen, eine Treppe hinaufzusteigen – seit 1917 ein Klassiker! www.gronalund.com.

Ahoi!
Ich genieße immer wieder einen Spaziergang entlang der ›Rückseite‹ von Skeppsholmen, Östra Brobänken, vorbei an den zum Teil bewohnten Schiffsveteranen, die man hier vor der noblen Kulisse von Strandvägen bewundern kann (▶ S. 47).

Auf Schatzsuche
Wenn ich nach Stockholm fahre, lasse ich immer Platz im Koffer für Fundstücke aus den vielen Secondhandläden in der Stadt: Mode, aber auch Design entdecke ich in den Geschäften u. a. von Stockholms stadsmission oder Myrorna (▶ S. 102).

Von der entspannten Atmosphäre in Stockholm bin ich immer wieder überrascht. Hektik ist zu jeder Jahreszeit ein Fremdwort – ziemlich einzigartig für eine Fast-Millionen-Stadt.

Fragen? Erfahrungen? Ideen?
Ich freue mich auf Post.

Mein Postfach bei DuMont:
p.juling@dumontreise.de

Das ist Stockholm

Stockholm ist eine Stadt zwischen den Welten, nicht nur zwischen dem Süßwasser des Mälarsees und der salzigen Ostsee, auch zwischen Wasser und Land. Selma Lagerlöf nannte Schwedens Hauptstadt »die schwimmende Stadt«, ließ sie aus Nebeln aufsteigen wie eine Märchenvision. Andere verglichen sie mit Venedig. Doch ist das ›Venedig des Nordens‹ anders als die Lagunenstadt nicht auf Morast und Sand gebaut, sondern ruht auf massivem Granit, Urgestein. Und das hebt sie sogar Jahr für Jahr ein wenig höher aus den Fluten, seit vor zehntausend Jahren der Druck des Eises nachließ. Soweit die märchenhaften Tatsachen.

Zwischen Tag und Nacht
Traumhaft ist ein Sommerabend in Stockholm, wenn die Hausfassaden im warmen Streiflicht der letzten Sonnenstrahlen zu glühen scheinen und die Hitze des Tages einer angenehmen Wohlfühltemperatur weicht. Doch nichts gegen Stockholm im Winter – eine unvergleichliche Atmosphäre, wenn die Stadt ab drei Uhr nachmittags nach Sonnenuntergang in tausend Lichter getaucht ist und die Straßen voller Leben sind, vor allem in der Adventszeit. Dann übertrumpfen sich die Geschäfte mit Weihnachtsangeboten und die Markthallen sprechen die Genießerseite des Stockholmers an – zu jeder Jahreszeit ist die Stadt eine erstklassige Shopping-Destination. Und hat es ordentlich geschneit und die Temperaturen liegen im Tiefkühlbereich, locken ein Spaziergang in der Wintersonne über das Eis des zugefrorenen Riddarfjärden, womöglich sogar auf Schlittschuhen, oder ein Ausflug auf den Skihügel im Süden der Stadt, Hammarbybacken.

Stadt mit hoher Lebensqualität
In welcher Großstadt kann man das schon: Wenige Schritte von der City auf glatt geschliffenen Felsen in der Sonne dösen und die asphaltmüden Füße ins Wasser halten, ja sogar baden gehen. Oder Anglern zusehen, die vielleicht gerade einen der Lachse oder eine Meerforelle aus dem Wasser ziehen, die zu Tausenden alljährlich im Strömmen vor dem Stockholmer Schloss gefangen werden? Ein Drittel der Fläche Stockholms ist Wasser, 40 % der Landfläche machen Parks und Naturgebiete aus. Ein weltweit einzigartiger Nationalpark in der Großstadt besteht seit 1995 mit Ekoparken, Stockholms Nationalstadspark. Weitgehend im Besitz des schwedischen Königshauses, erstreckt er sich von den Schlossparks Ulriksdal und Haga über Norra Djurgården und Ladugårdsgärdet bis Södra Djurgården. Hier kann sich die Natur mitten im dichtbevölkerten Stadtgebiet ungestört entwickeln, wachsen uralte Eichen, flattern Fledermäuse durch die Nacht und nisten Eulen in Baumhöhlen.

Die Schattenseiten
Auch wenn in der schwedischen Gesellschaft im Allgemeinen weniger große Unterschiede zwischen Arm und Reich herrschen als anderswo in der Welt – gerade in Stockholm klafft die Schere weit auseinander. Jeder zweite Be-

Das ist Stockholm

Bevor der Shoppingrummel beginnt: Götgatan in Södermalm kann auch aussehen wie eine ganz beschauliche Kleinstadtstraße.

wohner westlicher Vororte wie Rinkeby oder Tensta verdient im Schnitt nur 50 % dessen, was ein Durchschnittsbürger Östermalms nach Hause bringt. In den Vororten ist die Arbeitslosigkeit besonders hoch.

Eine junge Stadt

Die Stockholmer werden immer jünger. Familien mit Kindern machen einen großen Anteil der Bevölkerung aus. Selbst in der ehemaligen Singlehochburg – im Viertel Södermalm – werden immer mehr Spielplätze gebaut. Das einstige Bohemeviertel ›Söder‹ wird langsam, aber stetig von einer wohlhabenden Mittelklasse ›erobert‹. Viele Familien ziehen in die Vorstädte, wo in den einstigen Industrie- und Hafengebieten wegweisende umweltverträgliche Wohnbauprojekte verwirklicht wurden, futuristisch wirkende Glas- und Betonarchitektur, die in ehemaligen Industriegebieten attraktiven Wohnraum mit Blick aufs Wasser bietet, wie in Nacka Strand oder Hammarby Sjöstad. Hier wird Energie gespart, der Müll getrennt, und man ist bestens versorgt mit öffentlichen Verkehrsmitteln.

Umwelt-Hauptstadt

Mitte der 1970er-Jahre hatten auch die Stockholmer mit Abgasproblemen und hoher Verkehrsbelastung zu kämpfen. Wie wichtig saubere Luft, klares Wasser, menschen- und kinderwagenfreundliche Straßen sind, weiß hier jeder. Nicht erst seit die Stadt 2007 eine Citymaut eingeführt hat, sind immer mehr Stockholmer mit dem Fahrrad unterwegs. Seit 1990 wurde der CO_2-Ausstoß pro Einwohner um 25 % gesenkt. Auch deshalb wurde Stockholm 2010 von der EU-Kommission zur ersten ›Umwelt-Hauptstadt Europas‹ gekürt. Großbaustellen hat Stockholm wie jede lebendige Stadt. Besonders massiv stört der Umbau des Nadelöhrs Slussen mitten im Zentrum – Stauzone bis 2025.

Stockholm in Zahlen

4
Millimeter pro Jahr hebt sich das Land und viele Schiffskais müssen tiefer gelegt werden.

7,2
Grad unter dem Horizont steht die Sonne in der kürzesten Nacht des Jahres – das sorgt in Stockholm für helle Nächte.

14
Inseln und ebenso viele Stadtbezirke hat Stockholms Innenstadt.

22
Kilogramm wog der Lachs, den Angler im Jahr 2000 aus Norrström zogen.

30
offizielle Naturbadestrände liegen im Stadtgebiet; alle sind gratis.

40
Prozent des Stadtareals besteht aus Parks und Grünflächen.

160

m³ Wasser pro Sekunde fließen durch den Strömmen, der damit Platz 10 unter Schwedens Flüssen einnimmt.

197

Nationen leben in Stockholm, mehr als die UN Mitglieder hat. Die meisten davon sind Finnen.

239

Kinderspielplätze (parklekar) gibt es im Stadtgebiet.

1300

geladene Gäste zählt das Nobelbankett im Rathaus jedes Jahr.

1430

Räume hat das Stockholmer Schloss, davon 660 mit Fenster.

30 000

Inseln und mehr umfasst das Stockholmer Schärengebiet.

1 000 000

Stockholmer wird es voraussichtlich im Jahr 2020 geben.

18 600 000

Mosaiksteinchen bilden die Stirnwand im Goldenen Saal des Rathauses.

8 MIO. Ziegelsteine wurden im Stockholmer Rathaus verbaut.

Was ist wo?

Stockholms Innenstadt verteilt sich auf 14 Inseln, die durch 57 Brücken verbunden sind. Wahrhaft passend ist da die berühmte Beschreibung aus Selma Lagerlöfs »Nils Holgerssons wunderbare Reise mit den Wildgänsen« von der ›schwimmenden Stadt‹.

Gamla stan und Riddarholmen

Die drei Inseln an der Schwelle, wo sich der Mälarsee in die Ostsee ergießt, bilden den historischen Kern der Stadt. Auf Stadsholmen liegen **Gamla stan** (ൡ E/F 6), die Stockholmer Altstadt, und das **Königliche Schloss, Kungliga Slottet** (ൡ Karte 2, F 6). Den südlichen Abschluss der Insel bildet die Schleuse, **Slussen** (ൡ F 6), zugleich wichtigste Drehscheibe des Nord-Süd-Verkehrs. Auf der kleinen Insel **Riddarholmen** (ൡ E 6) westlich vom Schloss ragt die gusseiserne Turmspitze der Riddarholmskyrkan markant in die Höhe, während nordöstlich davon die kleine Insel **Helgeandsholmen** (ൡ F 5/6) etwa zur Hälfte vom Reichstag eingenommen wird.

Blasieholmen, Skeppsholmen

Auf der Halbinsel **Blasieholmen** (ൡ Karte 2, F/G 5) zwischen Norrström und Nybroviken birgt der Kunsttempel des Nationalmuseums hochrangige europäische Kunst vom Mittelalter bis zur Schwelle der Moderne. Eine schmale Brücke führt hinüber nach **Skeppsholmen** (ൡ G 6), wo Stockholms beliebteste schwimmende Unterkunft ankert: das ausgemusterte Segelschiff ›af Chapman‹. Skeppsholmen ist nicht nur grüne Oase inmitten der Stadt, sondern mit Moderna und Östasiatiska Museet auch ein attraktiver Museumsstandort.

Norrmalm, Vasastan

Auf der Nordseite vom Strömmen leitet **Kungsträdgården** (ൡ F 5), der ehemalige königliche Küchengarten, mit Grünflächen und Open-Air-Bühnen über in die City mit der Hamngatan, an der entlang sich die großen Kaufhäuser reihen. Die Fußgängerzone und Einkaufsmeile Drottninggatan führt vom Schloss strikt nach Norden durch **Norrmalm.** Hier schlägt das geschäftige und kulturbeflissene Herz der modernen Großstadt. Zentrale Plätze sind **Sergels torg** (ൡ E 5) mit dem gläsernen Bau des Kulturhuset mit Stadttheater, Bibliothek und Touristeninformation. Wenige Schritte weiter, am Kreuzungspunkt von Kungsgatan und Sveavägen, liegt **Hötorget** (ൡ E 4) mit Marktplatz und Markthalle, den fünf Geschäftshochhäusern am Sveavägen und dem blauen Konzertgebäude **Konserthuset**.
Wo die Drottninggatan am Sternwartenhügel Observatorielunden endet, beginnt Vasastaden, kurz Vasastan, die nördliche Fortsetzung von Norrmalm mit ihrem Zentrum **Odenplan** (ൡ D 3). Architektonischer Meilenstein der beginnenden Moderne ist der Bücherturm **Stadsbiblioteket** (ൡ D/E 3), wo Sveavägen und Odengatan sich kreuzen.

Östermalm

Das Viertel östlich der Prachtstraße **Birger Jarlsgatan** wurde erst um die Wende zum 20. Jh. errichtet und ist geprägt von großbürgerlicher Jahrhundertwendepracht, so etwa am Platz **Stureplan** oder an der Promenade **Strandvägen** (ൡ F–H 5) mit Blick zur grünen Insel Djurgården und Anlegeplätzen der Schärenboote. Der Jugendstilbau des Königlichen Theaters in Gold und Marmor, **Dramaten** (ൡ F 5), die dem guten Geschmack verpflichtete Markthalle **Östermalms saluhall** (ൡ F 4)

Was ist wo?

und Designboutiquen der gehobenen Art in den umliegenden Straßen tragen zu Östermalms Nobelimage bei.

Södermalm

Südlich von Slussen erheben sich die hohen Steilklippen von Södermalm, eine der größten Inseln der Stadt. Zentraler Platz ist der tags wie nachts belebte **Medborgarplatsen** (📙 F 8) mit Kinos, Clubs und der Markthalle Söderhallarna. Nebenan ragt als Wahrzeichen modernen Bauens im späten 20. Jh. der 86 m hohe **Söder torn** auf, umgeben von seinerzeit als bahnbrechend geltenden Wohnungsbauten aus den 1980er-Jahren. Im Viertel südlich der Folkungagatan hat sich die junge unkonventionelle Szene von **SoFo** (📙 F/G 8) mit Bars und Shops etabliert. Südlich der Insel Södermalm erkennt man den markanten weißen Kugelbau **Globen** (📙 südl. F 8).

Kungsholmen, Långholmen

Westlich von Norrmalm mit dem Hauptbahnhof und dem riesigen schwarzen Waterfront-Center-Gebäudekomplex breitet sich **Kungsholmen** mit attraktiven Wohnvierteln, aufgelockert durch Parks und Grünflächen, aus. Das **Rathaus, Stadshuset** (📙 D/E 6), Stockholms Wahrzeichen, markiert die Ostspitze der Insel. Ein schöner Blick auf die Stadt bietet sich außer vom Rathausturm auch von der Brücke **Västerbron** (📙 B 6), die über **Långholmen** hinweg führt, einst Gefängnisinsel und heute grüne Oase mit citynahen Badestellen.

Djurgården

Södra Djurgården und nördlich angrenzende Gebiete wie Ladugårdsgärdet, Norra Djurgården und Haga sind als ›nationalstadspark‹ geschützt. Berühmte Museen wie **Vasamuseet** (📙 G/H 6) und **Nordiska Museet** (📙 H 5), Jugendstilvillen wie die des Malerprinzen Eugen, Waldemarsudde, das Freilichtmuseum Skansen, der Vergnügungspark **Gröna Lunds Tivoli** (📙 H 6) und zahlreiche Ausflugslokale finden hier Platz neben viel urwüchsiger Natur.

Augenblicke

Kaffee muss sein

Zu jeder Tages- und Nachtzeit können die Stockholmer Kaffee trinken. Es wundert mich immer, dass es in dieser Stadt trotzdem so wenig Hektik gibt. Überall liegt Kaffeeduft in der Luft und an allen Ecken riecht es nach Zimtschnecken. Oft sind es winzigste Lokale, in die noch eine Kaffeebar passt mit drei Tischen und neun Stühlen. Einen der besten Röstkaffees serviert das Kafé Esaias (▶ S. 92) in der Drottninggatan.

Expedition in der Großstadt

Wie zwischen Eisbergen gleiten die Kajaks durch das kalte Herz der City – rechts das 2011 eröffnete Waterfront Building mit seiner wellenförmigen Fassade, das Konferenzzentrum und Großhotel in einem ist, daneben der Hauptbahnhof Stockholm Centralen. Gleich werden die Paddler in den Mälarsee abbiegen und die Innenstadt hinter sich lassen …

Feiern mit Aussicht

Es gibt viele schöne Plätze, um einen Sommertag in Stockholm zu verbringen – aber Mosebacke hat einen ganz besonderen Zauber. In dem Biergarten am Södra teatern geht es zwanglos und unkompliziert zu. Man kommt, wie man ist, trifft neue Freunde und alte Bekannte, hört Livemusik. Tradition hat der Platz auch, vor über 100 Jahren lobte August Strindberg die fantastische Aussicht von dem Terrassenlokal (▶ S. 108) über die Stadt.

Ihr Stockholm-Kompass

#2
Giebelhäuser und
Altstadtgassen –
Gamla stan

#3
Das kalte Herz
der Großstadt –
Norrmalm

ZEITREISE IN EIN LEBHAFTES HANDELSZENTRUM

Hipper Tipp für **RETRO FREUND**

#1
Königliches
Stockholm – **rund
ums Schloss**

Es geht auch ohne Skandale ...

WOMIT FANGE ICH AN?

Sehnsucht Saltkrokan

#15
Kurztrip in
die Schären –
Fjäderholmarna

Mit dem Dampfer zum Schloss am See

WARM ANZIEHEN!

#14
Versailles am See –
**Schloss und Park
Drottningholm**

**Spielplatz
für Hipster**

#13
Streifzug durch
Stockholms Sibirien –
Vasastan

#12
Feiern im Szene-
viertel – **ein Abend
in ›SoFo‹**

18

15 Wege zum direkten Eintauchen in die Stadt

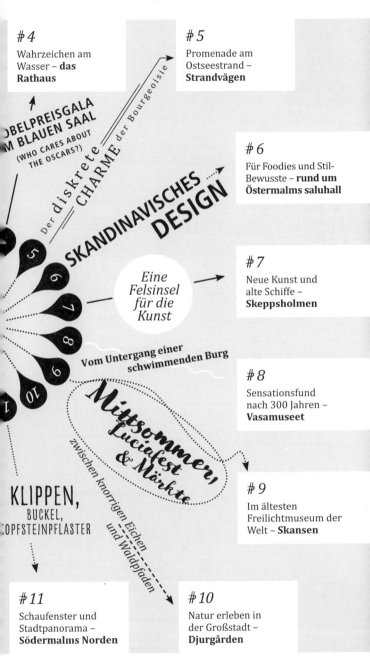

1

Königliches Stockholm – **rund ums Schloss**

Royalist müssen Sie nicht sein, um die schwedische Königsfamilie ins Herz zu schließen, die heute nahezu ohne Skandale und Extravaganzen auskommt. Das war nicht immer so, doch liegen die nicht selten dramatischen Ereignisse königlich-schwedischer Geschichte schon länger zurück. In einigen der im Schloss angesiedelten Museen erfahren Sie spannende Details.

Symbolik? Auf dem Weg zum Schloss über die Brücke Riksbron muss man am Parlament, dem Reichstag, vorbei.

Am höchsten Punkt des Schlosshügels, Slottsbacken, kann man sich am Sockel des 1799 aufgestellten, 22 m hohen **Obelisken** [1] aus Granitblöcken einen Überblick über das Schlossareal verschaffen: geradeaus am Wasser ein **Denkmal König Gustavs III.** [2], mit Blick zum Nationalmuseum, das die von ihm begonnene Kunstsammlung heute öffentlich zugänglich macht. Außerhalb sei-

Schloss #1

nes Blickfelds liegt dagegen die Oper, wo der König 1792 Opfer eines Attentats wurde. Rechts erstreckt sich hinter einigen Adelspalästen des 16.–18. Jh. das mittelalterliche Gassennetz von Gamla stan. Kaum zu übersehen zur Linken: der wuchtige ›Kasten‹ des Königlichen Schlosses.

Traumhochzeiten und andere denkwürdige Ereignisse

Auch wenn Sie nichts für gekrönte Häupter übrig haben, lohnt sich ein Blick ins Innere der Stockholmer Domkirche **Storkyrkan** 3, zugleich die königliche Hochzeits- und Krönungskirche. Am 19. Juni 1976 wurden König Carl XVI. Gustaf und Silvia Sommerlath aus Heidelberg in dieser Kirche getraut, 34 Jahre später, am 19. Juni 2010, Kronprinzessin Victoria und Daniel Westling aus Ockelbo. Es hat noch nicht lange Tradition, dass schwedische Könige eine/n Bürgerliche/n heiraten. Passend zum Schloss im Barock wurde die Kirche im 18. Jh. außen umgestaltet, doch im Innern verrät das Backsteingewölbe unverkennbar ihre Ursprünge im Mittelalter (13. Jh.). Blickfang in der Kirche ist die über 3,50 m hohe Skulpturengruppe des **hl. Georg mit Drachen und Jungfrau** (1489), ein Auftragswerk, das der Feldherr Sten Sture nach seinem Sieg über die Dänen in der Schlacht am Brunkeberg geordert hatte. Der Drachen ist mit echtem Elchgeweih und Rosshaar ausgestattet – gruselige Details wie aus einem Fantasyfilm –, während der strahlende Sieger natürlich das Wappen der Sture-Sippe trägt.

Wie Stockholm vor fast 500 Jahren aussah, zeigt ein Gemälde, genannt **Vädersolstavlan**. Reformator und Bischof Olaus Petri fand damals, eine Häufung ungewöhnlicher Himmelserscheinungen müssten dokumentiert werden: Halos und Nebensonnen waren im April 1535 zu sehen.

Ein Schloss? Ein Arbeitsplatz!

Protestantische Arbeitsethik auch beim König. Ein Anachronismus? Mit seinen 608 Räumen ist **Kungliga Slottet** der größte noch in dieser Funktion genutzte Palast der Welt. Doch ist das Königliche Schloss kein Museum, sondern vor allem der Arbeitsplatz für König Carl XVI Gustaf und Königin Silvia sowie Kronprinzessin Victoria samt Gemahl. Hauptaufgabe der Mitglieder der Königsfamilie ist das Repräsentieren. Bei einer Schlossbesichtigung

Der Turm der Storkyrkan überragt die Altstadthäuser.

Umsonst und draußen findet täglich die **Wachablösung** 4 (Högvakten) mit Musik an der Westseite des Schlosses im Äußeren Schlosshof, Yttre Borggården statt. Die Bewachung des Schlosses übernehmen im Wechsel unterschiedliche Regimenter der schwedischen Armee – und so gibt es immer wieder neue Uniformen zu sehen. Im Sommer paradiert die berittene Wache unter Marschmusik von der Kavalleriekaserne am Lidingövägen zum Yttre Borggården, wo es meist noch ein Konzert gibt, bevor der Wachwechsel der königlichen Leibgarde stattfindet (Mo–Sa ganzjährig 12.15, So 13.15 Uhr, Termine sind im Schlosshof angeschlagen).

#1 Schloss

ÜBRIGENS

An der Stelle der 1697 abgebrannten Vasaburg Tre Kronor entstand das heutige Barockschloss im 18. Jh. als barocke Vierflügelanlage um einen Innenhof. Architekt war Hofbaumeister Nicodemus Tessin d. J. Nach einer Bauzeit von rund 60 Jahren statt wie geplant sechs (!) konnten König Adolf Fredrik und Königin Lovisa Ulrika 1754 mit dem gerade achtjährigen späteren Gustav III einziehen. Zum Wohnen war das Schloss der heutigen königlichen Familie allerdings zu ungemütlich; sie zog nach Schloss Drottningholm bzw. Kronprinzessin Victoria nach Haga.

›Royale Arbeitsatmosphäre‹ – warum sollte sie in einem Schloss nüchtern sein?

defilieren Sie durch **Bernadottevåningen,** vorbei an zahlreichen Porträts sowie am Marschallstab und Degen des Gründers der noch heute amtierenden Bernadotte-Dynastie, Karl XIV. Johan. Er hatte seine Karriere als waschechter Franzose und Napoleons Marschall unter dem Namen Jean Baptiste Bernadotte begonnen. Die Bernadottes stehen für eine moderne Monarchie: Oskar II. hatte 1883 bereits ein Telefon auf dem Schreibtisch.

Repräsentation ist alles

Vom Schlosshof auf der Westseite geht es in die Königlichen Prunkgemächer, **Representationsvåningarna** 5, der Rahmen für offizielle Staatsempfänge oder das festliche Abendessen, das der König für die Nobelpreisträger ausrichtet. Eine weitere Zimmerflucht, Gästvåningen, ist für Staatsgäste reserviert.

Es kann sehr ermüdend sein, hier durchzudefilieren. Nicht entgehen lassen sollten Sie sich aber den Reichssaal, **Rikssalen** 6 (Eingang Slottsbacken bzw. Südseite), wo der mit blau-goldenen Sternen verzierte Baldachin von 1751 den Blick auf sich zieht, der für Adolf Fredriks Krönung fertig wurde. Darunter fällt ein Kleinod kaum ins Auge: **Königin Kristinas Silberthron,** ein mit getriebenem und gegossenem Silber überzogenes Sitzmöbel. Es gehört zu den wenigen Gegenständen, die das Feuer von 1697 überstanden. 1650 wurde der Silberthron in Augsburg angefertigt. Auftraggeber war Kristinas Vertrauter Magnus Gabriel de la Gardie, einer der reichsten Adligen des Landes. Nach dem Tod ihres Vaters Gustav II. Adolf trat Kristina die Thronfolge im zarten Alter von sechs Jahren an, zu Zeiten, als die weibliche Thronfolge in Schweden noch Zukunftsmusik war; sie wurde erst 1980 eingeführt. Kristina hatte nicht vor zu heiraten und ihren Mann dadurch zum König zu machen. Sie dankte wenig später ab, wandte sich dem katholischen Glauben zu und starb in Rom. Dem Reichssaal gegenüber liegt die Schlosskirche, **Slottskyrkan,** deren Rokoko-Interieur bei Konzerten und Gottesdiensten zu bewundern ist.

Perlen und Juwelen

Zum Schlossbesuch gehört unbedingt eine Stippvisite in **Skattkammaren** 7 (Eingang Slotts-

Schloss #1

Cityplan: Karte 2, E/F 6 | **U-Bahn** T-Gamla stan, **Bus** 2 bis Slottsbacken

INFOS/ÖFFNUNGSZEITEN

Storkyrkan 3: www.stockholmsdomkyr koforsamling.se, tgl. 9–16/17/18 Uhr, 60 SEK.

Yttre Borggården 4: Wachablösung tgl., aktuelle Termine: www.kungliga slottet.se.

Kungliga Slottet 5 – 6, **Skattkammaren** 7, **Museum Tre Kronor** 8: www.kungligaslotten.se, Mitte Sept.– Mitte Mai tgl. 10–16, übrige Zeit 10–17 Uhr, 160 SEK.

Livrustkammaren 9: im Schloss (Eingang Südostseite), www.livrustkam maren.se, Mai, Juni tgl. 11–17, Juli, Aug. 10–18, übrige Zeit Di/Mi, Fr–So 11–17, Do 11–20 Uhr, Eintritt frei.

Riddarholmskyrkan 10: Mitte Mai– Mitte Sept. tgl. 10–17 Uhr, 50 SEK, Kombiticket inkl. Schloss 180 SEK.

Riksdagshuset 11: Riksgatan 3, www. riksdagen.se, Führungen s. Website.

FUNDSTÜCKE

Königlich einkaufen lässt es sich in **Slottsboden**, dem ›Schlossladen‹. Neben den üblichen Postkarten oder Krimskrams mit monarchischen Motiven gibt es Geschirr, Tafelsilber, Tischdecken und Stoffe nach historischen Vorbildern aus dem 17.–19. Jh., die auch Schloss Drottningholm zieren (meist tgl. 10–17 Uhr).

---

backen, Südseite). Ein Museum ist die Schatzkammer eigentlich gar nicht, denn die Schätze vergangener Epochen, die Kronen und anderen Reichsinsignien der schwedischen Könige, Thronfolger, Prinzen und Prinzessinnen, die hier zwei Kellergeschosse tief und hinter Panzertüren sicher verwahrt funkeln, werden noch bis in die Gegenwart benutzt. Zwar trägt Carl XVI. Gustaf seine 1,7 kg schwere Krone, die vor 450 Jahren für Gustav Vasas Sohn Erik XIV. angefertigt wurde, nicht mehr auf dem Haupt, aber das mit Smaragden, Rubinen und Flussperlen besetzte Machtsymbol ist bei zeremoniellen Anlässen stets mit dabei, ebenso wie Reichsapfel und Prunkschwert.

#1 Schloss

Riddarholmskyrkan

Bei schönem Wetter ruht man sich von der Königs-Tour am besten aus, indem man **Evert Taubes terrass** auf Riddarholmen mit herrlicher Aussicht übers Wasser zum Stockholmer Rathaus ansteuert. Eine Statue zeigt den populären schwedischen Liedermacher Evert Taube (1890–1976) mit seinem Zupfinstrument in munterer Sängerpose.

Rüstungen und Roben

Die bei Ausgrabungen im Bereich des heutigen Schlosses gemachten Funde wie Kettenhemden und vergoldetes Tafelbesteck können Sie im **Museum Tre Kronor** 8 (Eingang Nordseite, Lejonbacken) betrachten und einen Eindruck von Machthunger und Prunklust der Vasa-Zeit gewinnen.

Dass Schweden eine militärische Großmacht war, erfährt man erst recht in der Rüstkammer, **Livrustkammaren** 9 (östlicher Eingang Slottsbacken, Richtung Wasser). Sie birgt neben königlichen Galaroben die Rüstungen der Vasakönige sowie – ausgestopft und beeindruckend lebensecht – das Pferd von Gustav II. Adolf, das in der Schlacht von Lützen im Dreißigjährigen Krieg 1632 ohne den König zurückkehrte.

Nach Riddarholmen

Der Weg hinüber zum benachbarten Inselchen Riddarholmen mit der königlichen Grabkirche **Riddarholmskyrkan** 10 ist nicht weit. Ursprünglich diente sie einem Franziskanerkloster als Kirche, das König Magnus Ladulås im Jahr 1280 mit Stiftungen unterstützt hatte. Die filigrane gusseiserne Spitze kam erst um 1840 auf den Turm. Aus dem Mittelalter stammen Reste von Kalkmalereien und das Grab von Magnus Ladulås (1290) vor dem Altar – Untersuchungen konnten allerdings nicht bestätigen, dass in dem Sarkophag tatsächlich die Gebeine des mittelalterlichen Schwedenkönigs liegen. Die Grabkapellen späterer Dynastien von den Vasas bis zu den Bernadottes spiegeln den jeweiligen Zeitgeschmack von luxuriös in Gold bis eher schlicht in poliertem rosa Porphyr. Insgesamt 15 Könige, von Gustav II. Adolf und Karl XII. bis zu Gustav V., dem Urgroßvater des heutigen Königs, sind hier beigesetzt.

→ **UM DIE ECKE**

Der Weg zurück in die Stadt führt vorbei am Reichstagsgebäude, **Riksdagshuset** 11, das man fast mit dem Schloss verwechseln könnte. Das Parlament wurde Ende des 19. Jh. errichtet und 1971 um das benachbarte ehemalige Haus der Reichsbank erweitert sowie der Plenarsaal eingebaut. Das Halbrund der Glasveranda, in der sich so schön das Wasser des Strömmen spiegelt, enthält die Besucherempore.

Giebelhäuser und Altstadtgassen – **Gamla stan**

 # 2

In Stockholms Altstadt Gamla stan stehen die ältesten Häuser der Stadt. Heute wimmelt es in den Kopfsteinpflastergassen nur so von Läden mit teils touristisch-buntem, teils kunstvoll-originellem Angebot, und die Dichte an Restaurants, Kneipen und Cafés ist hoch. Aber es gibt auch stille Ecken, an denen Sie dem leisen Hauch der Geschichte nachspüren können …

Im Schutz der mittelalterlichen Burg Tre Kronor, wo heute das Schloss steht, wuchsen ab dem 13. Jh. Klöster und Kirchen, Adelspaläste und Kaufmannshäuser empor. Der Große Markt, **Stortorget,** ist bis heute das Herz der Altstadt. Im Jahr 1520 war er Schauplatz einer Massenhinrichtung schwedischer Adliger durch den

Es gibt auch grüne Winkel in der dicht bebauten Altstadt, wo es sich gemütlich qualmen lässt – Rauchen ist in Schweden, wenn überhaupt, nur draußen erlaubt.

25

#2 Gamla stan

Die hübschen Fassaden am Stortorget leuchten, wenn die Sonne tief steht.

dänischen König. Dem ›Stockholmer Blutbad‹ entging wie durch ein Wunder der junge Gustav Vasa, der der Geschichte der dänisch-schwedischen Beziehungen später eine andere Richtung gab und die katholischen Dänenherrscher aus dem Land warf. Die meisten der schönen Giebelhäuser stammen aus dem 17. oder 18. Jh., ebenso der Brunnen (1760). Prächtigstes – und wahrhaft nobelstes – Bauwerk am Platz ist die ehemalige Börse (1776), heute Sitz des **Nobelmuseet** 1.

Im deutschen Viertel

Wenige Schritte weiter erinnern Straßennamen wie Tyska Brinken (›deutscher Hang‹) oder Tyska Prästgatan (›deutsche Priestergasse‹) an den deutschen Einfluss – zur Zeit der Hanse im 14.–15. Jh. dominierten deutsche Kaufleute den Rat der Stadt. In der Svartmangatan, Ecke Tyska Brinken trifft man noch heute auf deutsche Töne: Das Glockenspiel der **Tyska kyrkan** 2 spielt »Lobet den Herrn« und andere deutsche Kirchenlieder, die Aufschrift am Eisengitter zum Kirchhof ist deutschsprachig: »Fürchtet Gott! Ehret den König!«.

Gewimmel oder stille Gasse?

Nimmt man die steile Gasse Tyska Brinken abwärts, wimmelt es in der nächsten Querstraße **Västerlånggatan** vor Touristen: Hier kauft man Souvenirs von der Wollmütze mit Rentiermotiven bis zum Plüschelch. Rechts hoch über die Gasse Kåkbrinken geht es von der Västerlånggatan wieder steil hinauf zum Stortorget.

Wer den Weg statt auf der geschäftigen Västerlånggatan lieber in ruhigem Fahrwasser fortsetzen möchte, biegt rechts in die **Prästgatan** ein, die älteste Gasse von Gamla stan, deren Häuser ursprünglich direkt an der Stadtmauer lagen und viele interessante Fassadendetails und Inschriften zeigen. Sie führt zur engsten Gasse der Altstadt, die nur 90 cm breite **Mårten Trotzigs gränd** 3, benannt nach einem Weinhändler – auch er deutscher Herkunft. Stufen führen hinter der Estniska skolan steil abwärts zum Järntorget.

Das Gebäude des **Postmuseums** 4 in der Lilla Nygatan stammt aus derselben Zeit wie die meisten Häuser der Altstadt (um 1650 gebaut,

Ihr 96 m hoher Turm überragt alle anderen Türme in Gamla stan: Die Deutsche Kirche, **Tyska kyrkan**, ist ein ehemaliges Gildehaus, das die deutschen Kaufleute ab 1636 von Baumeister Hans Jacob Kristler aus Nürnberg zur St.-Gertruds-Kirche umgestalten ließen. In der Kirche versammelt sich heute die Stockholmer deutschsprachige Gemeinde der Svenska kyrkan. Sehenswert sind die Kanzel aus Ebenholz und Alabaster sowie die einzigartige Empore: 119 Einzelgemälde (17. Jh.) mit Bibelszenen.

Gamla stan *#2*

Cityplan: Karte 2, E/F 5/6 | **U-Bahn** T-Gamla stan, **Bus** 2 bis Räntmästartrappan oder **Bus** 3 bis Mälartorget

INFOS/ÖFFNUNGSZEITEN

Nobelmuseet 1 : ▶ S.78.
Tyska kyrkan 2 : Mai–Sept. tgl. 11–17, Okt.–April Mi, Fr, Sa 12–16, So 12.30–16 Uhr, Eintritt frei.
Postmuseum 4 : Lilla Nygatan 6, www.postmuseum.posten.se, Mai–Aug. Di–So 11–16, Sept.–April Di, Do–So 11–16, Mi 11–19 Uhr, 80 SEK.
Stockholms Medeltidsmuseet 6 : Strömparterren 3, Norrbro, Helgeandsholmen, www.medeltidsmuseet.stockholm.se, Di, Do–So 12–17, Mi 12–20 Uhr, Eintritt frei.

KULINARISCHES FÜR ZWISCHENDRIN

Den Gyldene Freden 1 : Österlånggatan 51, http//:gyldenefreden.se. Stilvoll-gediegen. Klassiker der schwedischen Hausmannskost (180–280 SEK).
Hermitage 2 : Stora Nygatan 11 (▶ S.95) lohnt auf eine Tasse Tee oder Kaffee zum veganen Kuchen oder Büfett. Lust auf Eis oder Torte? Letzteres gibt's in **Sundbergs konditori** 3 am Järntorget Sommer Mo–Fr 9–22, Winter Mo–Fr 9–20, Sa/So ab 10 Uhr, Kuchen und kleine Gerichte. Das gemütlich mit Plüsch, Kronleuchtern, stilvollem Mobiliar und Gemälden eingerichtete Café ist das älteste Stockholms, 1785 nach Wiener Vorbild gegründet. König Gustav III war ein Liebhaber guter Torten, doch der unterirdische Gang zum Schloss ist Legende.

FUNDSTÜCKE

Das Angebot in Gamla stan ist ein Mix aus Design und Mode, Antiquitäten und Kunst. Die Läden kommen und gehen, doch ein originelles Geschenk findet man hier immer.
Fartygsmagasinet 1 : Österlånggatan 19, Do/Fr 11–18, Sa 11–15 Uhr. Antikes und Trödel gehobener Qualität verkauft **Stockholms Stadsmission** 2 (Köpmangatan 15). Die Organisation unterstützt u. a. Obdachlose. Preiswerte Kleinigkeiten wie Schmuck oder Holzobjekte gibt es bei der Kunsthandwerkerkooperative **Trångt & Trevligt** 3 (Västerlånggatan 24, Mo–Fr 11–19, Sa/So 11–18 Uhr).

#2 Gamla stan

seit 1720 Postamt). Hier sind die 1847 gedruckte Blaue Mauritius und die Gelbe Mauritius zu sehen sowie das wohl älteste Briefmarkenalbum der Welt aus der Mitte des 19. Jh. Im Laden gibt es von Hand einen besonders schönen Stempel auf die Briefmarke.

Kurioses und Historisches

Die ruhige Einkaufsstraße **Österlånggatan** ist die zweite Längsader des engmaschigen Gassennetzes der Altstadt und gut geeignet für einen gemütlichen Bummel. In diesem Teil der Altstadt findet man viele Traditionslokale, darunter auch **Den Gyldene Freden** ❶, Mitte des 18. Jh. Stammlokal des Dichters und Sängers Carl Mikael Bellman.

Die Österlånggatan führt parallel zur Wasserlinie des mittelalterlichen Stockholm, und die auf der Wasserseite von dieser Straße abzweigenden Gassen endeten einst am Kai, Skeppsbron – dort dümpelten im Mittelalter die Koggen, denn vor 700 Jahren lag die Insel um einiges tiefer im Wasser als heute, eine Folge der Landhebung nach dem Abschmelzen der Eiszeitgletscher. Passend dazu wartet der Laden **Fartygsmagasinet** 🛈 mit maritimen Kuriositäten aus ausgemusterten Schiffen auf. Gegenüber geht es hinauf zum **Köpmantorget** ❺ mit der Bronzekopie der Skulpturengruppe des Drachentöters Sankt Göran (Georg) aus der Storkyrkan (▶ S. 21) und zurück zum Stortorget.

Bei einer Verschnaufpause auf dem Weg die steile Gasse Kåkbrinken hoch fällt an der Ecke zur **Prästgatan** der Blick auf den eingemauerten Eckstein – unverkennbar ein **Runenstein** und eine der vielen Überraschungen beim Spaziergang in der geschichtsträchtigen Altstadt. Die Inschrift informiert darüber, dass Torsten und Frögunn den Stein für ihren Sohn setzten. Wo er ursprünglich stand, ist nicht bekannt.

> ➔ UM DIE ECKE
>
> Mit dem Fahrstuhl ins Mittelalter – ein Besuch im ›Mittelaltermuseum‹ bedeutet ein buchstäbliches Abtauchen in die Geschichte, denn **Stockholms Medeltidsmuseet** ❻ liegt unter der Erde. Seinen Kern bilden die bei Ausgrabungen an Ort und Stelle auf Helgeandsholmen gefundene Stadtmauer (um 1520), der mittelalterliche Friedhof des Heiliggeistspitals (Mitte 13. Jh.) sowie ein unterirdischer Fluchttunnel (18. Jh.) vom Schloss. Drumherum zeigt die Ausstellung, wie es in der Altstadt im Schatten der Burg damals zuging. Mit gekonntem Multimedia-Einsatz wird der Alltag von Kaufleuten, Handwerkern, Händlern, Mönchen und Rittern präsent – vom Bierkeller bis zum Galgenhügel.

Das kalte Herz der Großstadt – **Norrmalm**

3

Erwärmen Sie sich für das kalte Herz der City! Mitte des 20. Jh. wurde das alte Viertel Norrmalm gnadenlos zum modernen Großstadtzentrum umgestaltet. Inzwischen ist es gelungen, dem kühlen Geschäftsviertel der City rund um Sergels torg mehr Leben und den Bauten der 1950er- und 1960er-Jahre ein gewisses Retro-Flair einzuhauchen.

Ein moderner Großstadtplatz sollte es werden, das Handelszentrum der urbanen City, doch der zugige Platz mit unterirdischer Einkaufszone, U-Bahn-Knotenpunkt, umbrandet vom Autoverkehr, ist für manche nichts weiter als das kalte Herz der Innenstadt. An **Sergels torg** [1], der im Volksmund

Laufband für gestresste Stockholmer: Rushhour am Sergels torg.

29

#3 **Norrmalm**

INFOS/ÖFFNUNGSZEITEN
Stockholm Visitor Center: Kulturhuset, Sergels torg 5, T 08 50 82 85 08, touristinfo@stockholm.se, Mo–Fr 9–19, Sa 10–17, So 10–16 Uhr.
Kulturhuset-Stadsteatern 2: www.kulturhuset.stockholm.se, Di–Fr 11–21, Sa/So 11–17, Juni–Aug. 11–18, Sa/So 11–16 Uhr.
Hötorgshallen 1: Mo–Do 10–18, Fr 10–19, Sa 10–16 Uhr (im Sommer Fr und Sa kürzere Öffnungszeiten).

KULINARISCHES FÜR ZWISCHENDRIN
Das **Panorama-Café** im obersten Stockwerk des **Kulturhuset** 2 besticht durch die Aussicht von der Dachterrasse. **Hötorgshallen** 1 ist mittags die beste Adresse für Fastfood, dann heißt es anstehen für günstige Snacks, von Pizza über Kebab bis zu Wok-Gerichten. Ein hippes Café, Kunstgalerie und Concept Store in einem, Anlaufstelle für eine Stärkung zum Lunch, auf einen Kaffee oder Smoothie ist **Snickarbacken 7** 1 (Mo–Fr 8–18, Sa 9–18, So 10–17 Uhr).

Cityplan: E/F 4/5 | **U-Bahn** T-Centralen oder T-Hötorget, Straßenbahn bis T-Centralen

nach dem grau-weißen dreieckigen Plattenbelag ›Plattan‹ genannt wird und als Symbol der in den 1960er-Jahren betriebenen Sanierung der Innenstadt gilt, scheiden sich ganz einfach die Geister.

Doch die nachts wunderschön beleuchtete Brunnenskulptur und vor allem die vielen Aktivitäten in **Kulturhuset** 2 versöhnen ein wenig mit den Schattenseiten von Sergels torg. Das vom Architektenbüro Peter Celsing 1968–73 errichtete Glasgebäude heißt bei manchen auch ›Das große Aquarium‹ – ein typisches Beispiel für 1960er-Jahre-Architektur, gedacht als Kulturoase inmitten der vom Kommerz geprägten Innenstadt. Kulturhuset umfasst neben den städtischen Bühnen **Stadsteatern** auch Ausstellungsräume, Cafés und, nicht zuletzt, die zentrale Touristeninformation – ein offenes Haus für Bürger und Besucher.

Markttreiben am Hötorget
Durch die Fußgängerzone geht es zum ›Heumarkt‹, **Hötorget**, wo heute werktags Blumen,

Norrmalm *#3*

Obst und Gemüse, sonntags Trödel verkauft werden. Den Hintergrund für das bunte Warenangebot bildet die kühle neoklassische Fassade des 1924–26 errichteten, vom Stararchitekten Ivar Tengbom entworfenen **Konserthuset** 3, in dessen Saal Schwedens König jedes Jahr die Nobelpreise überreicht, mit Ausnahme des Friedensnobelpreises, der in Oslo verliehen wird. Blickfang und Treffpunkt für Verabredungen zum Stadtbummel ist Carl Milles' Orpheusbrunnen vor dem Gebäude.

Eine Seite des Platzes nimmt die zweistöckige Markthalle aus Glas und Beton, **Hötorgshallen** 1, ein. Hier herrscht werktags Gewimmel an den Ständen für Fisch, Fleisch und Delikatessen. Die fünf Hochhausriegel der 1950er-Jahre zum Sveavägen hin, genannt Hötorgsskraporna, von **Hötorgscity** 4 dominieren die Stadtsilhouette.

Brunnenskulptur auf dem Sergels torg

Straßenschlucht Kungsgatan

Ein Casino, mehrere Kinos und Bars mit bunten Neonreklamen sowie steter Autoverkehr, in Sommernächten auch Autokorsofahrten mit blankpolierten Ami-Schlitten wecken auf der Kungsgatan zwischen Hötorget und Stureplan Erinnerungen an amerikanische Großstadtschluchten. Ausweis für Stockholms Großstadtambitionen im frühen 20. Jh. sind die beiden Türme, **Kungstornen** 5, an der Kungsgatan jenseits des Sveavägen. 16 Stockwerke hoch, markieren sie die Kreuzung der Kungsgatan mit der Malmskillnadsgatan. Diese überbrückt den beträchtlichen Höhenunterschied zur Kungsgatan, die ab 1915 in den Fels des Brunkeberg gesprengt wurde, auf einem Viadukt.

Schauplatz eines Mordes

Wenn Sie der Malmskillnadsgatan weiter folgen, passieren Sie die steilen Treppen, die von links kommend von der **Tunnelgatan** hochführen. Hier hinauf flüchtete der Mörder Olof Palmes am 28. Februar 1986, nachdem er die tödlichen Schüsse auf den Ministerpräsidenten abgefeuert hatte. Den Kontrast dazu bildet das ländliche Idyll um die **Skt. Johanneskyrka** 6 mit ihrem separat stehenden Glockenturm aus Holz. Das Grab Olof Palmes befindet sich aber nicht dort, sondern auf dem Kirchhof der **Adolf Fredriks kyrka** 7 am Sveavägen: ein schlichter Granitfindling, darauf seine Unterschrift und oft auch rote Rosen.

Bis heute beschäftigt der **Palme-Mord** die Verschwörungstheoretiker. Der schwedische Ministerpräsident Olof Palme war mit seiner Frau nach einem Kinobesuch zu Fuß auf dem Nachhauseweg, als an der Ecke Tunnelgatan/Sveavägen auf offener Straße die tödlichen Schüsse fielen. Eine Begleitung durch Sicherheitsbeamte hatte Palme abgelehnt. Die Ermittlungen liefen ins Leere, ein zunächst Verhafteter wurde wieder freigelassen, die Polizei hatte schlampig gearbeitet – auch über 30 Jahre später ist der Mord, der Schweden und ganz Europa erschütterte, nicht aufgeklärt.

Wahrzeichen am Wasser – **das Rathaus**

Das Stockholmer Rathaus thront an der Ostspitze der Insel Kungsholmen – hier wird die schwedische Hauptstadt regiert, hier tagt das Stadtparlament. Als Wahrzeichen Stockholms ziert Stadshuset Postkarten und Souvenirs aller Art. Unübertroffen ist seine für die Moderne wegweisende Architektur und die herrliche Lage am Wasser inmitten der 14 Inseln, die das Zentrum der Stadt bilden.

›Venedig des Nordens‹? Zumindest das Rathaus erinnert an die italienische Architektur der Renaissance.

Die gut zwölfjährige Bauzeit 1911–23 und die Kosten (18 Mio. statt 6 Mio. Kronen) des Stockholmer Rathauses **Stadshuset** [1] überstiegen seinerzeit alle Erwartungen. Heute ist klar: Es hat sich gelohnt, denn das achitektonische Meisterwerk im Stil zwischen Nationalromantik und Moderne, das dem Architekten Ragnar Östberg mit diesem

Bau gelang, wurde Stockholms Wahrzeichen und Symbol. Der Backsteinbau aus acht Millionen Ziegeln erinnert mit seinem von Säulen umgebenen Innenhof an einen italienischen Renaissancepalast.

Der Ratssaal

Im **Rådssalen** tagt das Stadtparlament in gediegenem Rahmen: Die Holzkonstruktion der 19 m hohen Decke beschwört Wikingerromantik herauf, die Ausmalung in typisch schwedischem Rostrot mit Szenen aus der Stadtgeschichte, während am blauen Himmel weiße Wolken segeln – ob sie die 101 Abgeordneten des Stadtrats bei langweiligen Sitzungen zum Träumen animieren ist nicht bekannt.

Schauplatz der Nobelgala

Alljährlich am 10. Dezember, dem Todestag des 1896 verstorbenen Wissenschaftlers und Unternehmers Alfred Nobel, steht er wieder im Licht der Öffentlichkeit: der Blaue Saal, **Blå Hallen,** der gar nicht blau ist – die rohe Backsteinwand wurde für so schön befunden, dass sie unverputzt blieb. Das Galadiner für die Nobelpreisträger findet hier seinen festlichen Rahmen, im Beisein des schwedischen Königspaares und von 1300 geladenen Gästen. Dann stehen auf dem dekorativen Bodenmosaik aus schwedischem Marmor in den unterschiedlichsten Farben von Rosa bis Grün lange Reihen von Tischen und Stühlen fürs Bankett.

Königin der Mälarfluten

Der Goldene Saal, **Gyllene Salen,** verdient seinen Namen wirklich: ein Mosaik des in Italien ausgebildeten Künstlers Einar Forseth (1892–1988) aus fast 19 Mio. Glasplättchen mit Blattgold bedeckt die Wände – insgesamt wurden jedoch nur 10 kg Gold verbaut. Im Zentrum der Nordwand zeigt das Mosaik »Mälardrottningen« die sagenhafte Königin des Mälarsees. Auf den Knien balanciert die Beschützerin der Stadt Schloss, Storkyrkan und Stadshuset. Die Welt liegt ihr zu Füßen: Flankiert wird die riesige Figur rechts von den Städten des Ostens – die türkische Flagge ist zu erkennen – und des Westens – New York am äußeren Rand.

Prinz Eugens Meisterstück

Zu den erstklassigen Künstlern der Epoche, die zusammen arbeiteten, um den Bau auszuschmü-

Im Goldenen Saal des Rathauses wacht die Königin des Mälarsees, ›Mälardrottningen‹, symbolisch über die Stadt.

Die 101 Abgeordneten des Stadtparlaments *(kommunfullmäktige)* treten alle drei Wochen zusammen. Sie werden alle vier Jahre gewählt, parallel mit den Wahlen zum Reichstag, und bestimmen eine Stadtregierung, kommunstyrelsen. Der Bürgermeister bzw. die Bürgermeisterin hat nur repräsentative Aufgaben. Im Rådssalen wurden u. a. die 2007 eingeführte Citymaut beschlossen sowie große Bauprojekte diskutiert, wie der Umbau des Verkehrskreisels Slussen (im Bau, Fertigstellung geplant 2025) oder der Bau des umstrittenen Nobelcenters hinter dem Nationalmuseum auf Blasieholmen.

#4 Rathaus

Der Rathausturm, das Wahrzeichen der Stadt, bietet nicht nur einen schönen Anblick, sondern auch eine unschlagbar gute Aussicht.

cken, gehörte auch Malerprinz Eugen. In seinem 1918 fertig gestellten Fresko in der **Prinsens Galleri** im Obergeschoss der Südseite erkennen aufmerksame Betrachter leicht das Spiegelbild des Blicks aus dem Fenster – das auf den frischen grobstrukturierten Putz aufgebrachte Freskobild ist mit seinen hellen Farben ein Meisterstück des ›nordischen Impressionismus‹. Der Titel des großflächigen Wandgemäldes nimmt Selma Lagerlöfs geflügeltes Wort von Stockholm als der »Stadt auf dem Wasser« auf. Drei Jahre lang arbeitete Prinz Eugen an diesem großflächigen Wandbild.

Stockholms schönster Aussichtsturm

Die Krönung ist aber buchstäblich der Turm des Rathauses: Genau 106 m hoch und geziert von drei goldenen Kronen. Man sollte nicht versäumen ihn zu besteigen (teils Lift) – der Rundum-

---

INFOS/ÖFFNUNGSZEITEN

Rathaus (Stadshuset) 1: www.stockholm.se/stadshuset, tgl. Führungen (Juni–Aug. auch auf Deutsch, Dauer ca. 50 Min.), Mai–Sept. etwa alle 1–2 Std., Okt.–April 10 und 12 Uhr, April–Okt. 110 SEK, Nov.–März 90 SEK.
Tornmuseet 2: Turmbesteigung Juni–Aug. tgl. 9–17, Mai und Sept. 9–16, April Sa/So 10–16 Uhr (begrenzter Aufenthalt, Zutritt im 40-Minuten-Takt), 50 SEK.

Rådhuset 4: Scheelegatan 7. Das Amtsgericht ist nur von außen zu besichtigen.

KULINARISCHES FÜR ZWISCHENDRIN

Gute Küche serviert ein kleines, mittags oft viel besuchtes Restaurant auf Kungsholmen namens **Spisa hos Helena** 1 (▶ S. 94). Wenn es hier zu voll ist, haben Sie schräg gegenüber in dem Minilokal **Uffe och Lottas** 2 (▶ S. 93) vielleicht noch eine Chance.

Cityplan: C–E 5/6 | **U-Bahn** T-Rådhuset, **Bus** 3 bis Stadshuset

Rathaus #4

blick ist fantastisch, besonders schön auf die nahe Altstadt Gamla stan, das Wasser und den regen Bootsverkehr. **Tornmuseet** 2, das Turmmuseum, erinnert an die 3000 Stockholmer Bürger, die die Kupferplatten für das Dach spendeten – in jede ist ein Name eingeritzt, sodass die Bürger buchstäblich auf ihrem Rathaus verewigt sind.

Die Terrasse am Mälarsee

Das Stockholmer Rathaus ist auch außen mit zahlreichen Details und Skulpturen geschmückt, die an die Stadtgeschichte erinnern, wie die Sankt-Görans-Figur und das Glockenspiel, das Grab des mutmaßlichen Stadtgründers Birger Jarl sowie die Statue des Engelbrekt Engelbrektsson, die der Bildhauer Christian Eriksson auf einer Säule hoch über dem See platziert hat.

Die streng symmetrisch angelegte Gartenterrasse **Stadshusterrassen** 3 mit den beiden Muschelbrunnen am Mälarufer bietet einen der schönsten Ausblicke auf Riddarholmen und Gamla stan, eingerahmt von dem Bronzeskulpturenpaar von Carl Eldh (1873–1954) an den Treppen zum Wasser: »Der Tanz« und »Der Gesang«.

→ UM DIE ECKE

Nicht zu verwechseln mit dem Rathaus (Stadshuset) ist **Rådhuset** 4, das Amtsgericht, ein imposanter Bau von 1911–15 an der viel befahrenen Scheelegatan. In dem kleinen strikt symmetrisch angelegten Park gegenüber, **Piperska Muren,** lassen sich die Angestellten der umliegenden Behörden gern zu einem Päuschen auf einer Bank in der Mittagssonne nieder.

Statten Sie der Mälarkönigin einen persönlichen Besuch ab und spazieren Sie, das Rathaus hinter sich lassend, in westlicher Richtung auf dem Uferweg parallel zu **Norr Mälarstrand,** vorbei an einer Reihe von historischen Schiffen, die heute teils als Hausboote dienen, und dann entlang dem idyllischen schilfbestandenen Ufer des Mälarsees. Bis zum **Rålambshovsparken** führt der Uferweg, wo Sie sich im Strandbad Smedsuddsbadet erfrischen können, bevor Sie die hoch geschwungene Brücke **Västerbron** erklimmen und die Aussicht zurück aufs Stadtpanorama samt Rathaus genießen.

SPAZIERWEG

Der kürzeste Weg vom Zentrum zum Stadshuset ist erstaunlich idyllisch. Von der Kungsbro hinter dem Bahnhof folgen Sie immer am Wasser entlang dem Spazierweg Blekholmsterrassen Richtung Stadshuset – den Turm kann man als Orientierung kaum verfehlen. Eine ruhige Gegend mitten im Zentrum mit ansprechenden neuen Wohnblocks, die den Funktionalismus der Häuser am Ufer gegenüber in Kungsholmen stilistisch aufgreifen. Im Nu haben Sie den Ableger für die Boote auf dem Mälarsee und die Brücke Stadshusbron nach Kungsholmen erreicht.

▶ LESESTOFF

Hinter dem Gerichtsgebäude Rådhuset arbeiten in den 1970er-Jahren Kommissar Beck und sein Team im tristen Bürohaus Polishuset an ihren Kriminalfällen – nachzulesen in den Büchern des Autorenduos Sjöwall/Wahlöö, **Die zehn Romane mit Kommissar Beck,** Rowohlt-Verlag.

Promenade am Ostseestrand – **Strandvägen**

Ein Bummel entlang Strandvägen führt ins späte 19. und frühe 20. Jh., als die prächtigen Stadtpalais nach Pariser Vorbild entstanden. Heute sind hier Stockholms exklusivste Adressen, die Immobilien erzielen Höchstpreise. Genießen Sie den Blick auf die Schärenboote und übers Wasser auf die grüne Insel Djurgården mit der Silhouette des Nordiska Museet.

Wenn der letzte Dampfer vom Ausflug in die Schären zurück ist, kehrt Ruhe ein am Strandvägen.

Den Auftakt der 1,2 km langen Promeniermeile bildet architektonischer Theaterdonner in Marmor und Gold: **Dramaten** [1] am Nybroplan. Der offizielle Name des wichtigsten Theaters des Landes lautet Kungliga Dramatiska Teater, es geht auf eine Gründung des kunstsinnigen ›Theaterkönigs‹ Gustav III. zurück. 1908 wurde der von Architekt Fredrik Lilljekvist entworfene Jugendstil-

bau mit der Aufführung eines Strindberg-Stücks eröffnet – nach sechsjähriger Bauzeit und mehr als doppelt so teuer wie geplant. Immerhin hatten namhafte Künstler daran mitgewirkt: Die in hellem Marmor verkleidete Fassade schmückt das Relieffries eines ausgelassenen Dionysoszuges von Christian Eriksson, die Dekoration der Säulen am Eingang entwarf Carl Milles und die Deckenmalereien im Innern stammen u. a. von Carl Larsson und Prins Eugen.

Wohnen hinter feinen Fassaden

Wenn Sie den Blick von der goldglänzenden Eingangsfassade des Königlichen Dramatischen Theaters losgerissen haben, kann er über die Architektur des Strandvägen schweifen, in der die Epoche des Jugendstil dominiert, aber auch Anleihen bei italienischer Renaissance bis hin zum Loireschloss zu entdecken sind. Zwillingshaft stehen sich zwei Jugendstilhotels gegenüber, **Hotel Esplanade** 2, Strandvägen 7A, von 1910 und das noch exklusivere **Hotel Diplomat** 3, wo man sich in der T/Bar zum Afternoon Tea treffen kann. Zum Tee werden nach englischer Sitte Scones und Marmelade oder auch Herzhaftes wie Gurkensandwiches sowie auf Wunsch und mit Aufpreis Champagner serviert.

Loireschloss an der Ostsee

Auf der Landseite setzt der Gebäudekomplex Strandvägen Nr. 29–33, genannt **Bünsowska Huset** 4, der Strandpromenade die Krone auf: eckturmchenverziert und mit seiner Kombination aus rotem Backstein und hellem Kalkstein erinnert der Komplex von Architekt Isak Gustaf Clason an ein Loireschloss. Der Bau entstand als Residenz des ›Holzbarons‹ Friedrich Bünsow 1886–88. Der aus Kiel gebürtige Sägewerksbesitzer und Millionär hatte einen exquisiten Geschmack.

Natur in Reichweite: Djurgården

Die prächtige **Djurgårdsbron** 5 beschließt den Spaziergang am Wasser. Die Brücke mit dem vergoldeten Skulpturenschmuck – vertreten ist die altnordische Götterwelt – und den kunstvollen gusseisernen Leuchten wurde zur Stockholmer Kunst- und Industrieausstellung 1897 fertiggestellt. Auf der anderen Seite signalisiert das

Am schönsten ist es am Strandvägen, wenn morgens gegen 10 Uhr die Boote in die Schären an- und ablegen: Trubel an den Kais, die Anlegemanöver der Schiffe sorgen für hohe Wellen und die Passagiere entsteigen den Booten oder besteigen sie mit Sack und Pack für ein Ferienhauswochenende in den Schären. Tickets an Bord, Infos und Fahrpläne online unter www.waxholmsbolaget.se.

#5 Strandvägen

Cityplan: F–H 4/5 | **Straßenbahn** Nr. 7 und **Bus** 69 bis Nybroplan

INFOS/ÖFFNUNGSZEITEN

Hallwylska Museet 7: Hamngatan 4, www.hallwylskamuseet.se, Juni–Aug. Di–So 10–16 sonst Di, Do–So 12–16, Mi 12–19 Uhr, Eintritt zum 1. Stock frei. Führung durch das ganze Gebäude 70 SEK.

Historiska Museet 8: Narvavägen 13–17, Juni–Aug. tgl. 10–18, Sept.–Mai Di, Do–So 11–17, Mi 11–20 Uhr, Eintritt frei.

KULINARISCHES FÜR ZWISCHENDRIN

Hungrig geworden? In **Djurgårdsbrons Sjöcafé** 1 gibt es zur Pizza den Blick auf das Strandvägen-Panorama (Pizza ab 120 SEK). Außerdem kann man zusehen, wie Paddler die hier ausgeliehenen Tretboote und Kanus zu Wasser lassen. Ein Shoppingbummel vom Norrmalmstorg die Biblioteksgatan aufwärts führt zu exklusiven Modemarken und zum **Wienercafeet** 2 (Biblioteksgatan 6–8, www.wienercafeet.com, Mo–Fr 7–21, Sa 9.30–21, So 9.30–19 Uhr) mit Patisserie der Spitzenklasse und edlem Ambiente – passend für die Klientel in Östermalm.

FAHRRADVERLEIH

Fahrräder kann man beispielsweise am **Djurgårdsbrons Sjöcafé** ausleihen, ideal für einen Ausflug auf die Insel Djurgården (▶ S. 56). Die Miete beträgt 80 SEK/Std. oder 475 SEK für den ganzen Tag.

FUNDSTÜCKE

Zwei Klassiker des schwedischen Design findet man am noblen Strandvägen: **Svenskt Tenn** 1 (Strandvägen 5, www.svenskttenn.se, Mo–Fr 10–18.30, Sa 10–17, So 11–16 Uhr, im Sommer So geschl.). Auch der Teesalon im 1. Stock ist sehr elegant (Afternoon Tea mit Champagner 450 SEK). Auch asiatische Spezialitäten und Speisen werden hier serviert (Hojicha-Suppe 95 SEK, Salate ab 130 SEK).

Gleich nebenan residiert seit 1940 **Carl Malmsten** 2 (Strandvägen 5B, www.malmsten.se, Mo–Fr 10–18, Sa 10–16 Uhr). 1934 machte der Möbeldesigner Carl Malmsten mit seinem gemütlichen Sessel ›Jättepaddan‹ (›Riesenschildkröte‹) Furore, bis heute ein Renner.

leuchtend blaue gusseiserne Portal **Blå Porten** 6: Hier geht´s zur Naherholung und hinein ins Wegenetz der Insel. Tagtäglich passieren unzählige Radfahrer, Jogger, Spaziergänger das Tor zum noch immer königlichen Besitz Djurgården.

Strandvägen *#5*

Großbürgerliches Zuhause

Wenn Sie sehen wollen, wie es sich in einem Großbürgerpalast wohnte, sollten Sie die Straßenbahn oder den Bus zurück Richtung City nehmen und eine Führung im **Hallwylska Museet** 7 mitmachen. Maurische und venezianische Elemente schmücken die Fassade des Stadtpalais, ebenfalls ein Werk des Architekten Isak Gustaf Clason. Es entstand 1893–97 für die Tochter eines reichen Sägewerksbesitzers, Wilhelmina Kempe, und ihren Gatten, den aus der Schweiz stammenden (und mittellosen) Grafen Hallwyl. Von der Küche im Souterrain bis zur Kegelbahn unterm Dach blieb die für jene Zeit komfortable Einrichtung original erhalten.

Für den Weg zurück zum Norrmalmstorg empfiehlt sich die Straßenbahn, in der Saison fährt auch die Museumsstraßenbahn **Djurgårdslinjen** Nummer 7, mit Schaffnern und Schaffnerinnen in historischer Kluft.

→ UM DIE ECKE

Dass Geschichte nicht langweilig sein muss, beweist **Historiska Museet** 8, das Historische Museum, mit seiner Dauerausstellung zum Thema Wikinger. Mindestens ebenso viel Anziehungskraft wie die alten Nordmänner besitzt Guldrummet, der wie ein Banktresor gesicherte ›Goldraum‹. Hier schimmern hinter Panzerglas insgesamt 50 kg Gold und 250 kg Silber – Goldschmiedekunst vom Feinsten: Schmuckstücke und Kultgegenstände der Völkerwanderungszeit, dem ›Goldenen Zeitalter‹ des Nordens.

Svenskt Tenn verkauft Möbel, Lampen, Glas, Geschirr, Textilien und schöne kleine Accessoires. Selbst wenn man hier nichts kaufen möchte, macht es Spaß, die schönen Dinge zu betrachten und durch die eleganten gutbürgerlichen schwedischen Wohnzimmer zu spazieren …

6

Für Foodies und Stilbewusste – **rund um Östermalms saluhall**

Die kulinarische Exkursion beginnt am Östermalmstorg. Rund um die historische Markthalle können Sie shoppen und genießen nach Herzenslust. Fachgeschäfte für klassisches skandinavisches Design, Kunstgalerien und Nobelboutiquen liegen dicht an dicht. Wer eine Schwäche für schöne Dinge hat, sollte in Östermalm ein gut gefülltes Bankkonto oder starke Nerven haben. ▼

Beliebte Sammelobjekte: Kunstwerke aus Glas. Die Werke von Glaskünstlern aus dem Hause Orrefors findet man in den Schaufenstern von Östermalm.

Die Markthalle des Nobelstadtteils, kurz ›Östermalmshallen‹ oder auch – offizieller – **Östermalms saluhall** 1 genannt, präsentiert sich gediegen in Backstein und Jahrhundertwendeschick. Aber auch der ist in die Jahre gekommen, und die Halle

Östermalms saluhall #6

bekam ein Facelifting verordnet: Bis voraussichtlich 2019 ist sie wegen gründlicher Renovierung geschlossen. In einem Pavillon auf dem Marktplatz kommen Gourmets dennoch auf ihre Kosten. Ob Käse, Brötchen, Wurst oder Fisch, hier ist alles vom Feinsten und appetitlich angerichtet. Neben Elchwurst und Rentierschinken überrascht die Fülle der Wurst- und Käsespezialitäten aus Kontinentaleuropa – von der italienischen Salami bis zum Schweizer Käse.

Große Namen: skandinavisches Design

Mit einem frühen Lunch an einem Marktstand gestärkt, können Sie den Schaufensterbummel verkraften. Schräg gegenüber der Markthalle sind in der Galerie **Modernity** 1 die Kreationen namhafter skandinavischer Designer zu kaufen oder – wahrscheinlicher – einfach nur bewundernd anzuschauen. Glas, Keramik, Lampen und Schmuck ab den 1950er-Jahren bis heute. Die lange Liste der berühmten Namen reicht von Alvar Aalto über Arne Jacobsen bis Tapio Wirkkala.

Wer sich für skandinavisches Design der Gegenwart interessiert, sollte auch bei **Asplund** 2 hereinschauen – alle großen schwedischen Namen sind vertreten, doch inzwischen auch solche aus Mailand und London. Asplund verkauft nur Erstklassiges – Möbel und Einrichtungsgegenstände mit Stil.

Eine neue alte Lampe soll es sein? Kenner finden ihr Lieblingsstück bei **Gamla Lampor** 3. Betagte Stücke in zeitlosem skandinavischen Design, ebenso Stühle und Kleinmöbel. Auch wenn solche Souvenirs nicht ins Handgepäck passen, schauen kann man ja mal.

Luxuspassage Sturegallerian

Wer in der gläsernen Einkaufspassage **Sturegallerian** 4 shoppt, der oder die möchte gesehen werden. Deshalb gibt es auch genug Cafés zum Draußensitzen unter dem hohen Dach. Die Einkaufspassage rund um das nach einem Brand 1997 stilgetreu wiederaufgebaute **Sturebadet** 1 vereint ca. 50 Geschäfte und Restaurants. Man bekommt Papierwaren in angesagtem Design, Schmuck, exklusive Mode – und natürlich Bücher im traditionsreichen Buchladen Hedengrens bokhandel.

Grönlandkrabben pfundweise zum Selberpulen gehen in der Markthalle über den Tresen, aber auch fertig angemachte Salate und andere Leckereien.

#6

Sturecompagniet: Um den Lichthof in der Mitte tobt auf zwei Etagen das Stockholmer Nachtleben der Reichen und Schönen.

Östermalm bei Nacht

In früheren Zeiten war rund um Stureplan, dessen Wahrzeichen **Svampen** 2 ein pilzförmiges Regendach (*svampen* – der Pilz) aus Beton nicht zu verfehlen ist, ein verrufenes Viertel für heiße Nächte mit hohem Promi-Faktor. Heute liegt der Schwerpunkt hier eindeutig beim Shoppen. Dennoch füllen sich die Bars von Sturehof oder auch East zur Happy Hour schnell und es drängen sich die Jungen und Erfolgreichen zum After-Work-Geplauder. Die Locations in Östermalm gelten noch immer als teuer und exklusiv; hier zeigt man, dass man Geld hat und die Türsteher achten außer aufs Alter (▶ S. 105) auch aufs Outfit. Von hier starten Nachtschwärmer den Parcours zu Lokalen wie **Sturecompagniet** 1 oder **Spy Bar** 2, landesweit berühmt als Treff für Stars und Sternchen. An lauschigen Sommerabenden zieht man gerne weiter in die Außengastronomie im nahen Humlegården.

Eine schöne Alternative zum Stureplan ist die am Berzeliipark gelegene Bar von **Berns** 3; das Etablissement aus dem 19. Jh. ist einer der Schauplätze in August Strindbergs Roman »Das Rote Zimmer«.

Humlegården

Humlegården (›Hopfengarten‹) mit dem kleinen Rondell um die Linné-Statue ist tagsüber willkommene Ruheoase für Shoppinggestresste. In der Königlichen Bibliothek **Kungliga Biblioteket** 3, der schwedischen Nationalbibliothek, kann man eins der vielen tausend Bücher in den Lesesaal bestellen oder eine Buchausstellung besuchen.

Das in die Einkaufsgalerie integrierte Jugendstilbad **Sturebadet** 1 sorgt für optimale Entspannung in stilvoller Umgebung, wenn auch Wellness mit Stil im noblen Stadtteil Östermalm nicht gerade preisgünstig ist. Diverse Wellnessangebote, z. B. Spa-Badetag inkl. Sauna, Fitnesstraining und Aromatherapie ab 595 SEK.

Östermalms saluhall #6

INFOS/ÖFFNUNGSZEITEN

Östermalms saluhall 1: www.ostermalmshallen.se, wegen Umbau bis 2019 geschl.
Kungliga Biblioteket 3: www.kb.se, Mo–Do 9–18, Fr 9–17, Sa 11–15 Uhr.
Scenkonstmuseet 4: Sibyllegatan 2, http://scenkonstmuseet.se, Di, Do–So 11–17, Mi 11–20 Uhr (gratis), Di, Do–So 140 SEK.
Sturebadet 1: www.sturebadet.se, Mo–Fr 6.30–22, Sa/So 9–19 Uhr, Zutritt ab 18 Jahre.

Gamla Lampor 3: Sibyllegatan 18, www.gamla-lampor.se, Mo–Fr 10–18, Sa 11–16 Uhr.
Sturegallerian 4: Grev Turegatan 9A, Haupteingang Stureplan, Mo–Fr 10–19, Sa 10–17, So 12–17 Uhr.

ABENDS AUSGEHEN

Sturecompagniet 1: Sturegatan 4, www.sturecompagniet.se, Do–Sa 22–3 Uhr.
Spy Bar 2: Birger Jarlsgatan 20, www.stureplangruppen.se, Mi–Sa 22–5 Uhr.
Berns 3: ▶ S. 105.

KULINARISCHES FÜR ZWISCHENDRIN

Sturekatten 1: ▶ S. 91.
Sturehof 2: Stureplan 2, www.sturehof.com, Mo–Fr 11–2, Sa/So 12–2 Uhr. Der bewährte Klassiker für hungrige Tag- und Nachtschwärmer – Spezialität: Fisch und Meeresfrüchte. Ab 200 SEK.
East 3: Stureplan 13, T 08 611 49 59, http://east.se, Mo–Sa 11.30–3, So 17–3 Uhr. Alles, was schick ist und (fern)-östlich: Sushi, Tempura, Sake ... drei Stück Sushi 94 SEK, Hauptgerichte 180–385 SEK, halbe Portionen gibt's auch.

FUNDSTÜCKE

Modernity 1: Sibyllegatan 6, www.modernity.se, Mo–Fr 12–18, Sa 11–15 Uhr.
Asplund 2: Sibyllegatan 31, www.asplund.org, Mo–Fr 11–18, Sa 11–16 Uhr.

Cityplan: F/G 4/5 | **U-Bahn** T-Östermalmstorg

Vorhang auf für die Kunst der Bühne

In einem Speicherhaus mit Ursprüngen im 17. Jh. ist das Museum für Bühnenkunst eingerichtet worden. Das **Scenkonstmuseet** 4 widmet sich Tanz, Musik und Theater und will mehr als einen Blick hinter die Kulissen riskieren – und das bevorzugt multimedial und interaktiv. In dem historischen Gebäude der ehemaligen Großbäckerei, das vom Militär zeitweise für die Lagerung von Branntwein und Munition genutzt wurde, war früher bereits das Musikmuseum untergebracht.

Neue Kunst und alte Schiffe – **Skeppsholmen**

Die kleine Felsinsel Skeppsholmen liegt abgeschieden und doch mitten in der Stadt – hier genießt man nicht nur einen der besten Blicke aufs Schloss, hier erhält man auch interessante Einsichten in die Kunst der Moderne, kann die Kultur des Fernen Ostens entdecken – oder einfach nur am Wasser entlangspazieren.

Der Ausflug zu Natur und Kunst beginnt am **Moderna Museet** 1 – es empfiehlt sich, mit dem Bus bis hierher zu fahren, um sich den Aufstieg auf den Hügel zu ersparen. Das Museum wurde 1998 in dem preisgekrönten, in den Felshang hineingebauten Gebäude des spanischen Architekten Rafael Moneo eröffnet und bietet eine

Kunterbunt und laut tummelt sich die Kunst auf dem Rasen vor Moderna Museet.

der größten und besten Schauen moderner Kunst in Schweden.

Die Sammlungen des Stockholmer Moderna Museet haben kein Understatement nötig, können sich messen mit New York oder Paris – von den Klassikern der Moderne über die Pop-Art eines Roy Lichtenstein und Andy Warhol bis zum Minimalismus und den interessantesten Künstlern der Gegenwart. Hereinspaziert!

Eine Werkschau der Moderne

Schon am Hang unterhalb des Museums weist das von farbenfrohen ›Nanas‹ und rostiger Mechanik bevölkerte »Paradis fantastique« (1966) des Künstlerpaares Niki de Saint-Phalle und Jean Tinguely den Weg, im Hof begrüßt Sie ein weiteres Kunstwerk, Alexander Calders Mobile »Die vier Elemente« (1961).

Die Wechselausstellungen des Moderna Museet führen nicht selten zur (Neu)entdeckung einer Künstlerin oder eines Künstlers. Dafür schöpft das Museum aus einem Bestand von rund 5000 Gemälden, Installationen und Skulpturen, 350 beweglichen Objekten und über 25 000 Zeichnungen, Aquarellen und grafischen Arbeiten sowie zahlreichen Fotografien, Videos, Filmen. Davon kann jeweils natürlich nur ein Bruchteil ausgestellt werden, wobei häufig gewechselt wird.

Moderna Museet verfügt über etliche Schlüsselwerke der Modernen Kunst, darunter Skulpturen von Alberto Giacometti, Werke von Francis Bacon oder Jean Dubuffet. Der Weg durch die Kunst der Moderne führt durch das 20. Jh. bis in die Gegenwart, gruppiert in drei Perioden, von der Frühen Moderne bis 1945 über die Nachkriegszeit bis in die Zeit nach 1970.

Werke in unterschiedlichen Techniken, von sehr bekannten und weniger bekannten Künstlern sind zu sehen. Als Dreingabe zur Kunst gibt es immer wieder tolle Perspektiven durch die Fenster, wie gerahmte Gemälde sind die schönsten Stockholm-Veduten zu sehen – lebende Bilder sozusagen.

Architektur und Design im Fokus

Der Entwicklung der Architektur in Schweden nachzugehen ist das Anliegen im **ArkDes** 2 (Ar-

Am schönsten ist die **Anreise übers Wasser:** Die Djurgården-Fähre tuckert das ganze Jahr über – im Winter liegt zwar bisweilen eine leichte Eisschicht auf dem Wasser, aber die Ostsee friert hier selten ganz zu. Die Fähre pendelt von Slussen nach Djurgården mit Zwischenstopp in Skeppsholmen.

#7 Skeppsholmen

chitektur- und Design-Zentrum) im selben Haus wie Moderna Museet: Zu sehen sind Modelle bekannter Bauten in und um Stockholm von der Katarinakyrka bis zu Schloss Gripsholm. Interessantes erfährt man außerdem über Städtebauprojekte des 21. Jh. wie Hammarby Sjöstad.

Mehr als ein Hauch Fernost

Sehr zu empfehlen ist ein Spaziergang vorbei an dem gewaltigen Kuppelbau der ehemaligen Garnisonskirche, die heute eine hervorragende Konzerthalle abgibt (Eric Ericsonhallen) zum Platz vor dem Östasiatiska Museet im ehemaligen Zeughaus, ebenfalls ein Relikt der militärischen Nutzung von Skeppsholmen. Hier oben ist einer der schönsten Aussichtspunkte mit Panoramablick auf die Altstadt und das Schloss.

Spannend ist im **Östasiatiska Museet** 3 die Präsentation der 6000 Jahre alten Hochkultur Chinas: Ritualgefäße aus Keramik, Bronze, Jade – die Stockholmer Sammlung geht auf die Arbeit des schwedischen Forschers Johan Gunnar Andersson zurück, der in den 1920er-Jahren half, die Magie des Alten China zu enträtseln. Außerdem u.a. buddhistische Plastik und Wechselausstellungen auch zur Gegenwartskunst des Fernen Ostens.

INFOS/ÖFFNUNGSZEITEN

Moderna Museet 1: www.modernamuseet.se, Di 10–20, Mi–So 10–18 Uhr, Eintritt frei (außer Sonderausstellungen).
ArkDes 2: www.arkdes.se, Di 10–20, Mi–So 10–18 Uhr, Eintritt frei.
Östasiatiska Museet 3: www.ostasiatiska.se, Di 11–20, Mi–So 11–17 Uhr, Eintritt frei.

KULINARISCHES FÜR ZWISCHENDRIN

Im Sommer lockt das Café an Bord des Segelschiffs ›af Chapman‹ 4 mit erschwinglichen Preisen und Topaussicht über die Wellen des Strömmen hinweg auf City, Schloss und Altstadt.
Ein schöner Blick ist im Restaurant **Torpedverkstan** 5 direkt am Wasser Trumpf, dazu feine Küche (www.torpedverkstan.se, tgl. 11.30–22 Uhr, Lunch Mo–Fr 135 SEK, abends ab 200 SEK).

Cityplan: G 6 | Bus 65, Djurgården-Fähre ab Slussen

Skeppsholmen *#7*

Schiffe, Schiffe, Schiffe

Auf Skeppsholmens Nordostseite, **Östra Brobänken,** liegen historische Schiffe und bunte Kähne. Manche dienen als Hausboote und fast alle haben Infotafeln, die kurz die Geschichte des jeweiligen Schiffsveteranen erzählen – meist nur auf Schwedisch. Es ist ein wunderschöner Ort zum Spazierengehen, Aussichten genießen und das maritime Flair Stockholms zu erschnuppern, zumal an den Booten ständig gearbeitet wird.

Mittendrin und doch draußen: Skeppsholmen ist eine stille Oase im Herzen der Stadt.

→ UM DIE ECKE

Ab dem 17. Jh. hatte die Marine die kleinen Inseln im Zentrum von Stockholm fest im Griff. Daran erinnern neben der ehemaligen Garnisonskirche und dem Admiralitätshaus das **Segelschiff ›af Chapman‹** 4, heute STF-Vandrarhem (▶ S. 87) sowie die frühere Kaserne, heute Kunsthochschule.

Sehr beliebt ist eine abendliche Promenade am Wasser vorbei am Segelschiff und auf die Südseite der Insel, wo Sonnenbänke zum Verweilen einladen. Über die Fußgängerbrücke ist es nur ein Katzensprung zur kleinen Felsinsel **Kastellholmen** 5. Von deren ritterburgähnlichem Kastell ertönen noch heute bei besonderen Feierlichkeiten Salutschüsse.

8

Sensationsfund nach 300 Jahren – **Vasamuseet**

Knarrende Schiffsplanken, Teergeruch und Wellengang erwarten Sie bei der Vasa, dem vor über 300 Jahren gesunkenen Regalschiff mit einem eigenen Museum am Wasser. Die spektakuläre Bergung, die erstaunlichen Funde, das Leben auf einem Schlachtschiff im 17. Jh. und die Ursachen des Untergangs sind Thema der einzigartigen Ausstellung.

König Gustav II. Adolf hätte es sich wohl nicht träumen lassen, dass sein Schiff nach 300 Jahren auf dem Meeresgrund im Museum landet.

Die Katastrophe und ihre Ursachen

Zu ihrer Zeit war die Vasa der ganze Stolz der schwedischen Marine – das größte Schiff der Ostsee, vielleicht sogar weltweit, und besonderes Renommierprojekt König Gustavs II. Adolf, der

Vasamuseet #8

wenig später vehement in den Dreißigjährigen Krieg eingriff. Ein großes Kriegsschiff dieser Art, ein Regalschiff, glich einer schwimmenden Burg. Über 400 Mann fanden Platz, in der Mehrzahl Soldaten. Die Vasa war bestückt mit 64 Bronzekanonen, anderen Geschützen und tonnenweise Munition. Bis zum Jahr 1628 waren für das Regalschiff 1000 Eichen gefällt worden, drei Jahre dauerte die Arbeit auf der Werft.

Gustav II. Adolf war nicht entzückt

Am 10. August sollte der Stapellauf ein großes Fest werden. Doch nachdem die Segel an den bis zu über 50 m hohen Masten gesetzt waren, geriet die Vasa mit rund 100 Mann Besatzung an Bord bei leichtem Wind in Schräglage. Das Schiff sank auf der Jungfernfahrt und mit ihm etwa 50 Menschen. Der Kapitän wurde verhaftet, und es folgte eine peinliche Untersuchung der Ursachen.

Der Kapitän war unschuldig, wie sich bald herausstellte. Vermutlich brachte das Missverhältnis zwischen den Aufbauten mit überbordendem Dekor und dem Unterbau das Schiff in die verhängnisvolle Schräglage, die es bei schwachem Seitenwind kentern ließ.

Bergung und Restaurierung

Über 300 Jahre lang ruhte die Vasa auf dem Grund der Ostsee, alle Versuche, sie zu bergen, waren gescheitert, selbst die Lage des Wracks war in Vergessenheit geraten. Erst die gezielte Suche eines Forschers führte zur Wiederentdeckung der Vasa. 1957 begannen die insgesamt fast vierjährigen Bergungsarbeiten. Einmal im Trockendock, konnte das Schiff schließlich nach und nach restauriert werden, wobei aufwendige und damals brandneue chemische Verfahren eingesetzt wurden, die den Verfall des mit allem Dekor und allen Ausstattungsstücken vollständig erhaltenen Kriegsschiffs aufhalten konnten – und ein einmaliges historisches Zeugnis für die Nachwelt retteten.

Der Museumsbau

Ein solches Ausstellungsstück angemessen zu präsentieren war keine leichte Aufgabe: Ein eigener Museumsbau musste her. Das 1990 eröffnete **Vasamuseet** 1 wurde eigens für sein einziges riesiges Ausstellungsstück konzipiert. Das fand,

Beeindruckend, wie die Vasa unter Segeln aussah ... jedenfalls für kurze Zeit.

Dass die **Vasa** so gut erhalten blieb, ist der Besonderheit des Ostseewassers zu verdanken. Dessen geringer Salzgehalt hatte das Eichenholz vor der Zersetzungsarbeit des Schiffswurms bewahrt, Erzfeind aller Holzschiffe, der nur in Wasser mit einem gewissen Salzgehalt existieren kann.

#8 Vasamuseet

Holzplanke für Holzplanke wieder zusammengesetzt, Platz in dem schiffsähnlichen Bau am Wasser und ist heute von mehreren Emporen aus in allen Details und in seiner vollen Größe von über 52 m wieder zu bewundern – ein barockes Kunstwerk. Sie sollten sich Zeit nehmen beim Rundgang auf den Emporen, um die reich skulptierten Schiffswände von allen Seiten zu betrachten und die verschwenderische Pracht der barocken Figuren auf sich wirken zu lassen.

Der Skulpturenschmuck

Ob die beeindruckende Fülle der Ornamente rund um das Wappen am Heck oder die über 3 m große Galionsfigur eines springenden Löwen – in Anspielung auf Gustav II. Adolfs Beinamen ›Löwe des Nordens‹ –, ursprünglich waren alle Schnitzereien, geschaffen von Spezialisten aus Holland und

---

INFOS/ÖFFNUNGSZEITEN

Vasamuseet 1: www.vasamuseet.se, Juni–Aug. tgl. 8.30–18, übrige Zeit Mo/Di, Do–So 10–17, Mi 10–20 Uhr, 130 SEK (Sept.–Mai Mi 17–20 Uhr: 100 SEK). Achtung, warm anziehen: Im klimatisierten Museum herrscht eine im Sommer ungewohnte Kühle. Auch deutschsprachige Führungen und Audioguides.
Vikingaliv 2: Djurgårdsvägen 48, www.vikingaliv.se, tgl. 10–17 Uhr, ab 16 Jahre 159 SEK, 5–16 Jahre 119 SEK, nur bargeldlose Zahlung. Kommentare während der Gondelfahrt u. a. in deutscher Sprache.
Junibacken 3: Galärparken, Djurgården, www.junibacken.se, Mai, Juni, Aug. tgl. 10–17, Juli 10–18, übrige Zeit Di–So 10–17 Uhr, bis 15 Jahre 125 SEK, ab 16 Jahre 145 SEK.

KULINARISCHES FÜR ZWISCHENDRIN

Mittagessen in den Museumscafés von Vasamuseet oder Aquaria Vattenmuseet. **Djurgårdsbrons Sjöcafé** 1 an der Brücke; verleiht auch Kanus und Fahrräder. Im Restaurantpavillon gibt es auch einen Infomationsschalter über die Attraktionen und Sehenswürdigkeiten auf Djurgården.

Cityplan: G/H 5/6 | Bus 67, Straßenbahn, Djurgården-Fähre

Deutschland, farbig gefasst. Einzelne Nachbildungen sind ausgestellt, um einen Eindruck vom ursprünglich schreiend bunten Aussehen des heute eher düster wirkenden Kriegsschiffs zu geben.

Wie lebte man an Bord?

Die Vasa barg einen reichen Schatz in ihrem Bauch: Die zahlreichen Funde von Holzlöffeln und Zinngeschirr über Werkzeug, Gläser, Tonpfeifen und Brettspiele bis zu Kleidungsstücken und mehr als 4000 Münzen machen vertraut mit dem Leben an Bord eines Kriegsschiffs zur Zeit des Dreißigjährigen Kriegs und schicken die Besucher auf eine Zeitreise ins 17. Jh. Aber auch über die knifflige Restaurierung und technische Fragen erfahren Besucher interessante Details. Ein rundes Besichtigungsprogramm, für das Sie einen halben Tag einplanen können.

Museumsschiffe zum Anfassen

Ganz hautnah kommen begeisterte Wasserratten draußen vor dem Museum mit knarrenden Schiffsplanken in Berührung: Dort liegen Schiffe vor Anker, die man im Unterschied zur Vasa auch betreten kann. Ausgestellt sind die beiden **Museifartygen** (Schiffsveteranen) Sankt Erik, ein Eisbrecher von 1915, und das Feuerschiff Finngrundet aus dem Jahr 1903.

Ja, hier könnte man einziehen ... In Junibacken gefällt Pippi Langstrumpfs nachgebaute Küche.

Eine Reise zu den Wikingern

Am Wasser entlang spaziert man vorbei an Segelbooten – Boote und Wikinger, das gehört zusammen: In einer ehemaligen Bootshalle entzaubert die spannend inszenierte Multimedia-Show **Vikingaliv** 2 gängige Wikingermythen. In Gondeln geht es auf Zeitreise ins Jahr 963 durch das fiktive Leben von Ragnhild und ihrer Familie; die Fakten und Hintergründe dazu servieren eine kurzweilige Ausstellung und Videos.

UM DIE ECKE

Kinderbuchhelden hautnah erleben Groß und Klein in **Junibacken** 3 – einfach in eine Gondel steigen und an den eindrucksvollsten Szenen aus den Astrid-Lindgren-Büchern vorbeischweben (die Macher von Junibacken stecken auch hinter Vikingaliv). Endstation ist die Villa Kunterbunt, wo sich die Kleinen austoben können.

Im ältesten Freilichtmuseum der Welt – **Skansen**

Im ältesten Freilichtmuseum der Welt erfahren Sie mehr über Land und Leute als bei einer Fahrt zum Nordkap. In Skansen ist immer was los, ob Mittsommer- oder Luciafest, Märkte, Volkstänze oder Volksmusik. Die historischen Gebäude geben Einblick in die Alltagskultur und die Freigehege mit Bär, Elch und Ren in die Natur Schwedens. Ein Ausflug für die ganze Familie und einen ganzen Tag.

Mit Händen zu greifen ist traditionelles Kunsthandwerk in der Töpferwerkstatt.

Das Freilichtmuseum Skansen bildet ein Schweden im Kleinstformat ab: von Süd nach Nord, von unten nach oben, findet sich auf dem Schanzen-Hügel das ganze Land wieder. So liegt Skånegården, der südschwedische Hof mit üppigem

Bauerngarten, ganz unten, während bis zum Rentierlager aus dem kargen Gebirge Lapplands einige Höhenmeter zu bewältigen sind.

Kleinstadtleben anno dazumal

Vom Haupteingang aus hilft eine Rolltreppe, die erste Höhenstufe zu erklimmen. Bevor man sie besteigt, kann man im **Snus- och Tändsticksmuseet** 1 (www.tobaksochtandsticksmuseum.se, Mai–Sept. tgl. 11–17, sonst Di–So 11–16 Uhr) dem Streichholzmonopol und der Rauchkultur vergangener Zeiten nachspüren – sogar in Schweden wurde einst Tabak angebaut! *Snus* ist allerdings viel ›schwedischer‹ – der landestypische Hang zum Kautabak *(snus)* hat die neuzeitlichen Antiraucherkampagnen ganz gut überlebt …

Holzbalken für Holzbalken kam sie nach Skansen: Die Seglora kyrka stand ursprünglich bei Borås in Westschweden.

Zeitreise ins 19. Jh.

Mit der Rolltreppe geht es hoch zur Freilichtbühne **Solliden** 2, Schauplatz für nationale Feierlichkeiten wie Mittsommer oder Luciafest oder auch Fernsehshows. Ein großes Ereignis ist Allsång in Skansen, wenn viele Hundert Menschen zusammenkommen, um gemeinsam zu singen – unter stimmgewaltiger Anleitung von bekannten Stars. Allsång på Skansen wird live im Fernsehen übertragen und erreicht höchste Einschaltquoten.

In die Welt einer schwedischen Kleinstadt Mitte des 19. Jh. entführen die Kopfsteinpflastergassen in **Stadskvarteren** 3, die ›Stadtviertel‹, wo man Glasbläser, Töpfer, Möbelschreiner und andere Handwerker bei der Arbeit sehen kann (Kramladen, Souvenirs).

Hinaus aufs Land!

Dann geht es in ländliche Regionen: **Älvrosgården** 4 ist ein mittelschwedischer Bauernhof ganz in altersdunkel vergrautem Holz. Drinnen wird gewebt und gestrickt, am gemütlich prasselnden Feuer trocknet die Wäsche. Im Innenhof fiedeln im Sommer gelegentlich Volksmusiker alte Weisen – schauen Sie vor dem Besuch im Programm nach.

Als nächstes peilen Sie den Holzturm der **Seglora kyrka** 5 an. Hochzeitspaare fahren vor der fast 300 Jahre alten Holzkirche aus Westschweden gern mit der Pferdekutsche zur Trauung vor. Der Acker nebenan wird noch mit einem PS gepflügt und das Heu auf der Wiese von Hand gewendet.

Müde Füße müssen nicht sein. Alternativen zum Laufen bieten die **Bergbahn** ab Eingang Hazeliusporten (ganzjährig), Pferdekutsche oder Minibahn (nur Sommer, alle kosten extra).

#9 Skansen

ÜBRIGENS

1891 öffnete Skansen als erstes Freilichtmuseum der Welt. Der Gründer und Direktor des Nordiska Museet, Arthur Hazelius, wollte mit einem neuartigen Museumskonzept die Alltagskultur der verschiedenen Regionen Schwedens anschaulich präsentieren und zugleich das Wissen von Generationen in der Praxis bewahren – gewissermaßen live. So werden in Skansen **alte Handwerks- und Bautechniken** aus allen Regionen Schwedens praktiziert, Kurse in originalgetreuer Hausrenovierung veranstaltet und Alltagsgegenstände noch so benutzt wie vor Generationen.

Ganz oben auf dem Skansen-Hügel ist ein guter Platz fürs Picknick.

Bär und Elch

Es geht vorbei an **Lill-Skansen** 6, wo sich die jüngsten Besucher des Freilichtmuseums in einem Streichelzoo und auf dem Spielgelände bestens amüsieren. Dann ist der Aussichtsturm **Bredablick** 7 nicht mehr zu verfehlen. Errichten ließ den Turm der Leibarzt Oskars II. im Jahr 1876. Er war überzeugt von den medizinischen Vorzügen einer schönen Aussicht. Verarmt ist er 1881 hier gestorben. Im Turm-Café können Sie sich stärken, bevor es zur **Björngrottan** 8 geht. Die jungen verspielten Bären sind ein Publikumsmagnet in Skansen. Bekanntschaft mit weiteren Wildtieren Skandinaviens machen Sie im Waldland rundum: Elche, Luchse, Vielfraße und Wölfe tummeln sich in Gehegen, Seehunde im Meerwasserbecken.

Auf der Alm

Das älteste Gebäude von Skansen steht ganz oben auf dem Berg, mit weitem Blick auf die Stadt: **Vastveitloftet** 9, ein Holzspeicher, der seit dem 14. Jh. nahe der norwegischen Grenze stand, bevor er hierher umzog. Das Sommerlager der Sami und ihrer Rentiere in Lapplands karger Gebirgswelt, **Samevistet** 10, bringt Sie ganz in den hohen Norden. Beim Abstieg passieren Sie **Fäboden** 11. Die nur im Sommer bewirtschafteten Sennereien gibt es noch heute im nord- und mittelschwedischen Bergland. Rinder und Ziegen alter Haustierrassen, die gut an das raue Leben im Gebirge angepasst sind, liefern Milch, die an Ort und Stelle zu Sauermilch und Käse verarbeitet wird – vielleicht gibt es eine Kostprobe oder man kann bei der Arbeit zusehen.

So wohnte man im Süden

Wieder bergab, vorbei am **Bollnästorget** 12 mit der großen Freilichtbühne für Volksmusik und Volkstanz geht's zum **Skånegården** 13. Der Vierkant-Bauernhof aus Schwedens tiefem Süden wurde in Fachwerk auf einem Fundament aus dicken Feldsteinen errichtet – ein prächtiger Anblick, erst recht der schöne Bauerngarten. Ein paar Schritte weiter bringen Sie zu Gotlandschafen und -pferden, altertümliche, schon aus dem Mittelalter bekannte Haustierrassen, die sich auf der Insel Gotland gehalten haben.

Skansen #9

Cityplan: H/J 5/6 | Bus 67, Straßenbahn, Djurgården-Fähre

Wenn Sie nicht den Ausgang Sollidsporten wählen, können Sie über die schöne Lindenallee von **Skogaholms herrgård** 14 weiterspazieren zum Haupteingang. Der Herrenhof eines Bergwerksbesitzers aus Mittelschweden sieht einem Steinbau zum Verwechseln ähnlich – eine gute Imitation in Holz. Die repräsentativen Räume des Herrenhauses sind standesgemäß im feinen gustavianischen Stil des späten 18. Jh. eingerichtet.

→ UM DIE ECKE

Nordiska Museet 15 am Djurgården-Ufer ist mit seiner Architektur ein echter Blickfang der Stadtsilhouette. 1907 im Stil der Nationalromantik errichtet, sollte seine Architektur typisch schwedische Baustile repräsentieren. In der Eingangshalle empfängt den Besucher die monumentale Figur von Gustav Vasa, ein Werk des Bildhauers Carl Milles. Per Audioguide begegnet man auf den zwei Etagen des Museums der schwedischen Alltagskultur von gestern und heute – von Trachten aus allen Landesteilen bis zu Festen, Sitten und Gebräuchen – eine gute Ergänzung zum Freilichtmuseum Skansen.

INFOS/ÖFFNUNGSZEITEN

Skansen: www.skansen.se, Gelände März, April, Okt. tgl. 10–15/16, Mai–Mittsommer 10–20, Mittsommer–Aug. 10–22, Sept. 10–18 Uhr; Gebäude Mai–Sept. tgl. 11–17, übrige Zeit 11–15/16 Uhr, je nach Jahreszeit 125 (Winter)–195 SEK (Sommer).
Nordiska museet 15: www.nordiskamuseet.se, Okt.–Mai Mo/Di, Do–So 10–17, Mi 10–20, Juni–Sept. tgl. 9–18 Uhr, 120 SEK.

KULINARISCHES FÜR ZWISCHENDRIN

Die Restaurants auf dem Gelände sind relativ teuer, man kann sich aber gut ein Picknick mitbringen – Tische und Bänke sind reichlich vorhanden.

55

10

Natur erleben in der Großstadt – **Djurgården**

Stockholm ist heute die einzige Großstadt der Welt mit einem Nationalpark in der Innenstadt. Intakte Natur in Großstadtnähe – das gefiel schon Malerprinz Eugen, der sich ebenso wie der Bankier und Kunstsammler Thiel auf Djurgården eine Jugendstilvilla bauen ließ, heute Perlen der Kunst zwischen knorrigen Eichen und wilden Waldpfaden.

Kunst und Natur ergänzen sich gut im Terrassengarten der Villa von Waldemarsudde.

Das königliche Jagdgebiet (Djurgården heißt ›Tiergarten‹) entging dem Bauboom des 20. Jh. – dabei schien seine ›Karriere‹ als bevorzugte Villengegend vorgezeichnet. Doch 1906 und 1913 beschloss der Reichstag, der Erschließung

Djurgården #10

von Södra Djurgården zugunsten der Natur einen Riegel vorzuschieben. Umso sehenswerter und kostbarer sind die Bauten, die blieben, darunter exklusive Villen des Jugendstilarchitekten Ferdinand Boberg.

Ein Platz zum Malen

In wunderschöner Lage am Wasser auf der Südseite von Djurgården versteckt sich **Prins Eugens Waldemarsudde** 1, die Villa des Malerprinzen Eugen (1865–1947). Die geschmackvoll und einladend dekorierten Räume präsentieren die Sammlung des Malerprinzen, der als jüngster Sohn König Oskars II in Paris Malerei studierte und unter dem Einfluss des Impressionismus zu einem ganz eigenen Stil fand.

Gezeigt werden neben Wechselausstellungen die Bilder aus Prinz Eugens Sammlung, die von seinen Künstlerfreunden stammen, etwa Carl Larsson, Anders Zorn und Edvard Munch. Auch der Garten der italienisch anmutenden Villa ist eine Augenweide, der sich zum Wasser hin in Terrassen gliedert und mit Skulpturen geschmückt ist. Auf einer Felskuppe steht eine historische Leinölmühle von 1785. Die Sonnenbänke im Terrassengarten laden dazu ein, den Seglern, Ausflugsschiffen und Fähren Richtung Schären zuzusehen – ein stetes Kommen und Gehen.

Naturschätze und Café im Gartenidyll

Der größte Schatz von Djurgården sind aber die rund 200 uralten Eichen. Während die bis dahin ausschließlich der Krone vorbehaltenen Bäume ab 1789 anderswo der Säge zum Opfer fielen, blieben sie überall dort stehen, wo Adel und König Besitz hatten. Einer dieser Baumveteranen ist die mächtige **Prinsens Ek** neben dem Quellpavillon oberhalb der Villa Waldemarsudde. Heute sind die knorrigen alten Bäume Wohnung und Revier für Vögel und Fledermäuse, seltene Insekten sowie hochspezialisierte Pilze, insgesamt ca. 1500 Pflanzen- und Tierarten.

Quer über die Insel (Schild »Gångväg«) spazieren Sie durch den Eichenwald bis zu den Beeten und Feldern der Gärtnerei **Rosendals Trädgård.** Hier kann man sich einen Blumenstrauß pflücken oder in der Gärtnerei schöne Topf-

Gartenlust und Kaffeeduft locken die Besucher zu Rosendals Gärtnerei.

Es ist ein besonderes Vergnügen, mit dem Fahrrad auf Djurgården herumzuradeln – außenherum gibt es kaum Steigungen, nur in der Mitte der Insel gibt es einen Buckel. Besonders bei der längeren Variante bis Blockhusudden (5 km; sonst 2,5 km) empfiehlt sich der Umstieg aufs Rad. Fahrradverleih z. B. an der Brücke bei Djurgårdsbrons Sjöcafé (▶ S. 50), wo zudem ein Kiosk über Attraktionen auf Djurgården informiert und Tourenvorschläge anbietet.

#10 Djurgården

Ruhiges Wasser für Segler: Djurgårdsbrunnsviken.

pflanzen, Blumenzwiebeln und Eingemachtes aus ökologischem Anbau einkaufen. Außerdem unterhält Rosendals Gärtnerei ein nicht nur bei jungen Eltern mit Kinderwagen sehr beliebtes Gartencafé, **Rosendals Trädgårdskafe** ❶. Je nach Wetterlage sitzt man auch gern im Wintergarten, als Zwischenstation beim Spaziergang auf eine Tasse Kaffee oder eine kleine Mahlzeit zum Lunch.

Lustschloss im Grünen

Nur wenige Schritte weiter östlich (Stufen bei der Boulebahn abwärts) liegt **Rosendals slott** ❷, das 1827 als Lustschlösschen für königliche Ausflüge ins Grüne errichtet wurde. Die wunderschöne Inneneinrichtung in Mahagoni und leuchtenden Farben kann man bei einer Führung in Augenschein nehmen. Der erste Bernadotte, König Karl XIV. Johan, ließ sein Lustschloss auf der grünen Insel Djurgården im französischen Empirestil errichten. Der ehemalige Marschall Napoleons war vom schwedischen Reichstag mangels passendem Thronfolger ins Land gerufen worden. Unterhalb des Schlosses geht es wieder ans Wasser, und hier muss man entscheiden, ob man die längere oder die kürzere Wegvariante am Nordufer der Insel wählt.

Immer am Kanal entlang

Bei der kürzeren Variante, nach links, ist man nach wenigen hundert Metern zurück bei der Djurgårdsbron. Bei der längeren Tour geht es rechts, entlang dem **Djurgårdsbrunnskanalen** (Schild »Djurgårdsbrunn«). Der Weg folgt dem schnurgeraden Kanal, der die große Insel in Södra und Norra Djurgården teilt. Nach einer Weile kommt eine Brücke in Sicht, **Djurgårdsbrunnsbron,** die man links liegen lässt und dem schmalen Djurgårdsbrunnskanalen weiter folgt (wer müde ist, kann hier den Spaziergang unterbrechen: Bushaltestelle der Linie 69 jenseits der Brücke).

Aktivitäten für Naturfreunde

Am Djurgårdsbrunnskanalen hat man an warmen stillen Sommerabenden Chancen, Fledermäuse beim Jagen zu erleben. Drei Arten sind in Stockholm recht häufig zu finden. Kurz vor der letz-

Zu knapp einem Drittel aus Wasser besteht der 1995 eingerichtete, 27 km² große Nationalstadsparken ›Ekoparken‹ und erstreckt sich als breites grünes Band vom Schlosspark Ulriksdal im Nordwesten über Hagaparken mit der Bucht Brunnsviken über einen Großteil von Norra Djurgården. Auch die Inseln Södra Djurgården, Skeppsholmen und Kastellholmen gehören dazu, im Südosten zählen die Schäreninseln Fjäderholmarna (▶ S. 76) ebenfalls noch mit zum Nationalstadsparken.

Djurgården #10

Cityplan: H–K 5–7 und östlich | **Straßenbahn**

ten Brücke (Fußgänger) nach Gärdet bzw. Norra Djurgården liegt rechts ein Feuchtgebiet und der Vogelsee **Isbladskärret** 3, im Herbst und Frühjahr Raststation für Zugvögel. Ganzjährig hat sich eine Kolonie Graureiher in den hohen Bäumen am Ufer niedergelassen. Eine hölzerne Aussichtsplattform bahnt den Weg ins Schilf. An der östlichen Landzunge von Djurgården, **Blockhusudden,** beginnt die typische Schärenlandschaft der Ostsee, die man von einer der Bänke betrachten kann.

Eine Villa für die Kunst

Als der Architekt Ferdinand Boberg 1904 in dieser exklusiven Villengegend ein Domizil für den Bankier und Sammler Ernest Thiel entwarf, plante er gleich eine Kunstgalerie mit ein. Heute präsentiert die Jugendstilvilla **Thielska Galleriet** 4 die hochkarätige Sammlung, die nach Thiels Konkurs 1924 erhalten und der Öffentlichkeit zugänglich gemacht wurde.

Besonders reizvoll: Die originalgetreu restaurierte Villa hat den Charakter eines repräsentativen Wohnhauses nicht verloren, eingerichtet mit zeittypischem elegantem Mobiliar. Die Wände schmücken Werke des ›nordischen Impressionismus‹, u. a. von Bruno Liljefors, Nils Kreuger, Carl Larsson und Richard Bergh, sowie von französischen Malern wie Vuillard und Toulouse-Lautrec. Beeindruckend ist der Edvard Munch gewidmete Raum mit elf Gemälden des Norwegers. Ebenso wird in der Villa ein Großteil von Munchs grafischem Werk präsentiert.

INFOS/ÖFFNUNGSZEITEN

Prins Eugens Waldemarsudde 1: www.waldemarsudde.se, Di/Mi, Fr–So 11–17, Do 11–20 Uhr, 150 SEK.
Rosendals slott 2: www.kungahuset.se, Juni–Aug. Di–So, Sept. Sa/So 12–15 Uhr stdl. Führungen, 120 SEK.
Thielska Galleriet 4: www.thielska-galleriet.se, Di–So 12–17, Do 12–20 Uhr, 130 SEK.

KULINARISCHES

Rosendals Trädgårdskafe 1: www.rosendalstradgard.se, Mai–Sept. Mo–Fr 11–17, Sa/So 11–18, Okt.–Dez. Di–So 11–16 Uhr, Lunch 125–165 SEK SEK. Verkauf von Öko-Produkten der Gärtnerei.

Schaufenster und Stadtpanorama – **Södermalms Norden**

Die hohen Klippen auf der Nordseite von Södermalm bieten das beste Stockholm-Panorama, das man sich wünschen kann. Neben Ausblicken hat ›NoFo‹ – wie der Stadtteil schon manchmal kurz genannt wird – eine hohe Dichte an Kunstgalerien und Kunsthandwerksläden, gut für einen Schaufensterbummel mit Aha-Effekten.

Sehr wahrscheinlich läuft Ihnen in der Galerie blås & knåda ein Künstler über den Weg – das in den 1970ern entstandene Kollektiv betreibt die Galerie in eigener Regie.

Wenige Schritte vom U-Bahn-Ausgang Södermalmstorg in Slussen steht ein schmucker historischer Bau, Ryssgården, entworfen von Hofarchitekt Nicodemus Tessin d. Ä. in den 1670er-Jahren, heute **Stockholms stadsmuseum** [1], das Stadtmuseum. Auf dem Platz vor dem Gebäude verkauften im 17. und 18. Jh. russische Händler ihre Waren. Das Stadtmuseum schickt Sie multimedial unterstützt auf eine spannende Zeitreise, die mit dem Stadtheiligen Erik um das Jahr 1000 beginnt.

60

Södermalms Norden #11

Wo die Hornsgata einen ›Puckel‹ macht

Design und Kunst stehen im Mittelpunkt am **Hornsgatspuckeln** 2. Am hügeligen Auftakt der Hornsgatan liegen die Galerien dicht an dicht. Während für den Verkehr eine Schneise ins Urgestein gesprengt wurde, konnten dank Protesten Mitte der 1960er-Jahre die alte Straßenführung und die historischen Häuser am ›Buckel‹ vor dem Abriss bewahrt werden. Darin finden Kunsthandwerker und Künstler den passenden Rahmen für ihre Werkschauen, z. B. anspruchsvolle Keramik und Glas bei **blås & knåda** 1 (Nr. 26), schwedische und internationale Grafik bei **konstochfolk** 2 (Nr. 34) oder Töpferkunst der Künstlerkooperative **Kaolin** 3 (Nr. 50) – hier kauft man zugleich stilvolle wie originelle Souvenirs. Gegenüber steht die älteste Kirche auf Södermalm, die ursprünglich mittelalterliche **Maria Magdalena kyrka** 3. In ihrer heutigen Form wurde sie nach einem verheerenden Brand des gesamten Stadtviertels 1760–63 wieder aufgebaut. Das Innere im Rokokostil ist einen Blick wert. Eine Tafel erinnert an den Troubadour des 18. Jh., Carl Mikael Bellman.

Romantik nicht nur für Verliebte: Monteliusvägen

Bellmansgatan oder Blecktornsgränd mit vielen Stufen führen zur Bastugatan und zum schönsten Spazierweg durch die Gärten auf den Höhen des Mariaberget: **Monteliusvägen** 4. Die Aussicht über die Wasserfläche des Riddarfjärden hinweg auf die Stadt ist unübertroffen: Sowohl Stadshuset als auch die Altstadt und Riddarholmen liegen dem Betrachter zu Füßen, dahinter schier endlos die Viertel Norrmalm und Vasastan – Steinstadt so weit das Auge reicht. Man findet Bänke und Tische für ein Picknick. Vorhängeschloss-Romantik macht auch vor Stockholms schönstem Panoramaweg nicht Halt: die ersten Paare haben sich hier schon auf ewig angekettet …

Mariatorget

Der Platz wirkt wie eine Oase der Ruhe mit Springbrunnen und viel Grün – die Eingangsszene des Sjöwall-Wahlöö-Krimis »Verschlossen und verriegelt« spielt sich genau hier ab, an einem heißen Sommertag auf einer Parkbank am **Mariatorget** 5. Doch das Stockholm der 1960er-

Fans der Thriller von **Stieg Larsson** können mithilfe eines speziellen Stadtplans (auch auf Deutsch) die Schauplätze in Södermalm aufsuchen. Das Stadsmuseum veranstaltet außerdem geführte ›Millennium-Touren‹ (Englisch oder Schwedisch, 130 SEK).

▶ **LESESTOFF**

Stieg Larsson, **Verblendung, Verdammnis, Vergebung** – die Millennium-Trilogie des 2004 verstorbenen Autors erschien 2007 auf Deutsch.

Nicht von der Stange sind die Kreationen, die junge unbekannte Modedesigner ins Schaufenster stellen.

#11 Södermalms Norden

INFOS/ÖFFNUNGSZEITEN

Stockholms stadsmuseum 1: Ryssgården, www.stadsmuseum.stockholm.se, wegen Umbau und der Großbaustelle Slussen bis auf Weiteres geschlossen.
Kunstgalerien Hornsgatspuckeln 2: www.puckeln.com, meist Di–Fr 11/12–18, Sa/So 11/12–15/16 Uhr. Im Sommer So geschl.
Maria Magdalena kyrka 3: Do–Di 11–17, Mi 11–19.30 Uhr.
Almgrens Sidenväveri & Museum 6: Repslagargatan 15 A, www.kasiden.se, Mittsommer–Mitte Aug. Mo–Sa 11–15, übrige Zeit Mo–Fr 10–16, Sa 11–15 Uhr, Führungen auf Schwedisch Mo, Mi, Sa 13 Uhr, 75 SEK.

KULINARISCHES FÜR ZWISCHENDRIN

Auf zwei Etagen verbreitet das **Café Rival** 1 (Mariatorget 3, Mo–Fr 8–22, So 9–20 Uhr, Salate, Suppen um 80–100 SEK) im gleichnamigen Hotel (▶ S. 91) entspannte Café-Atmosphäre, Fotos bekannter Kulturschaffender aus Södermalm zieren die Wände; beliebt zum Frühstück und mittags ab 11 Uhr zum Lunch.
Gleich daneben lockt eine Filiale der Eisdiele **StikkiNikki** 2 (Mariatorget 1C, http://stikkinikki.com, tgl. 11–21 Uhr) mit Öko-Eis aus eigener Herstellung; es gibt auch vegane Varianten. Immer der Nase nach zieht es die Kaffeekenner zu **Johan & Nyström** 3 (▶ S. 91).

FUNDSTÜCKE

Öffnungszeiten der Geschäfte: Mo–Fr 10–18/19, Sa 11–16/18, viele auch So 12–16/17 Uhr.
blås & knåda 1: Hornsgatan 26, www.blasknada.com. Mo geschl.
konstochfolk 2: Hornsgatan 38, http://konstochfolk.se.
Kaolin 3: Hornsgatan 50, www.kaolin.se.
Weekday 4: Götgatan 21, http://shop.weekday.com.
Bruno 5: Götgatan 36, www.brunogotgatsbacken.se.
Konsthantverkarna 6 ist die Galerie für Stockholms traditionsreichste und größte Künstlerkooperative; große Vielfalt an Materialien: Glas, Keramik, Stoff, Holz, Metall (Södermalmstorg 4, http://konsthantverkarna.se).

Cityplan: D–F 7 | **U-Bahn** T-Slussen

Södermalms Norden #11

und 1970er-Jahre mit Abgasglocke über der Stadt gehört definitiv der Vergangenheit an. Über die Sankt Paulsgatan kommen Sie zur Götgatan.

Shopping am Götgatsbacken

Hinter dem Stadtmuseum verschwindet der Verkehr Richtung Süden in einem Tunnel – die Götgatan gehört in diesem steilen Abschnitt, genannt Götgatsbacken, den Fußgängern. Die verkehrsberuhigte Einkaufsstraße auf dem Hügel mit kleinen Spezialgeschäften lädt zum Schaufensterbummel ein. Eine Adresse für Jeansfans ist **Weekday** 4 mit einer überwältigenden Auswahl des schwedischen Jeanslabels Cheap Monday. In der Einkaufspassage **Bruno** 5 sind Geschäfte namhafter Designer zu finden, u. a. Whyred oder Filippa K, aber auch H&M.

Historische Seidenweberei

Dank eines Großauftrags aus dem Königshaus nahm die letzte Seidenweberei Schwedens, **Almgrens Sidenväveri** 6, 1991 wieder die Arbeit auf – nur sie besaß die Originalmuster und Maschinen für die fast 300 Jahre alten Möbelstoffe in Schloss Drottningholm. Fabrikgründer Almgren hatte in den 1820er-Jahren die Jacquardweberei aus dem französischen Lyon nach Schweden gebracht. Fast wie im Computerzeitalter: Lochkarten sorgen beim Webvorgang dafür, dass die Webmuster vollkommen identisch auf die Textilien übertragen werden. Im Shop der Seidenmanufaktur kann man schöne Souvenirs aus dem edlen Material kaufen.

Auf der Höhe: Skinnarviksberget ganz oben auf Söders Klippen.

→ **UM DIE ECKE**

Mit ihrer Kuppel prägt die Barockkirche **Katarina kyrka** 7 die Skyline in Stockholms Süden. Der Ende des 17. Jh. nach Plänen von Jean de la Vallée errichtete Zentralbau wurde nach einem Brand 1990 originalgetreu restauriert wie im 18. Jh., als die Kirche nach einem Brand bereits einmal zerstört und wiederaufgebaut worden war.

Über Treppen am Katarina kyrkobacke erreicht man die Gassen des **Katarina-Viertels**, wie Roddargatan und Fiskargatan, Kleinstadtidyllen mit Häusern vom Ende des 17. Jh., dazwischen gibt es immer wieder schöne Durchblicke auf die Stadt.

Feiern im Szeneviertel – **ein Abend in ›SoFo‹**

Suchen Sie schrille Mode, trendige Restaurants, nette Bars? Dann auf ins Szeneviertel ›SoFo‹, kurz für South of Folkungagatan. Vor dem Mittagessen brauchen Sie sich kaum auf den Weg zu machen – die Läden in SoFo öffnen spät, das Viertel wird erst abends richtig munter. Das ideale Revier für Nachtschwärmer aller Richtungen von gutbürgerlich über Bohème bis queer …

Erster Halt könnte das gutbürgerliche Lokal **Pelikan** ❶ sein, wo Sie sich für einen langen Abend stärken können wie in der guten alten Zeit: Die Klassiker deftiger schwedischer Hausmannskost wie Hackfleischklößchen, *köttbullar,* sind eine gute Grundlage. Hier trinkt man Bier und Schnaps seit 1904: Die einladende ölhall (Bierhalle) mit nostalgischer Atmosphäre war einst

Ein bisschen Mensa-Atmosphäre hat es schon, das Öko-Lokal für alle Fälle, mit Laden, Restaurant und Bar: Urban Deli am Nytorget.

›SoFo‹ #12

Treffpunkt für die durstige Arbeiterschaft der zahlreichen Industriebetriebe im früher ›schmutzigen‹ Stadtteil Södermalm.

Rund um Nytorget

Der heute so friedliche Platz im Herzen von SoFo, **Nytorget,** war 1917 Schauplatz von ›Hungerkrawallen‹, als während des Ersten Weltkriegs Lebensmittelknappheit in Schweden herrschte. Auf der östlichen Seite des Platzes stehen noch einige niedrige Holzhäuser aus dem 18. Jh., Reste der einstigen Arbeitersiedlung; die Holzhäuser sind heute begehrt bei der jungen schicken unkonventionellen Szene, die das Viertel prägt – die Gentrifizierung ist allerdings bereits in vollem Gang. Davon kann man sich überzeugen im **Urban Deli Nytorget** ❷, das zugleich ein guter Start für den nächtlichen Streifzug rund um Nytorget ist – ein Mix aus schickem Bioladen und nüchtern-kühlem Bar-Restaurant. Inzwischen sind nach dem gleichen Konzept weitere Läden in Stockholm eröffnet worden. Nebenan in der **Urban Deli Bar** kann man einen Snack am Tresen oder einen Mojito genießen.

Für den kleinen Geldbeutel und beliebt bei jungem Publikum ist das **Café String** ❸. Hier kann man shoppen und einkehren zugleich – dafür sorgt schon die gemütlich-plüschige Einrichtung.

Und dann ins Kino!

An den Kinos – auf Schwedisch *bio* – bilden sich abends oft lange Schlangen. Deshalb kann es ratsam sein, die Kinokarten im Voraus zu buchen (▶ S. 106). Das Kino **Victoria** ❶ an der Götgatan, Ecke Åsögatan gehört auf Söder zu den beliebten Adressen – auch für einen Kaffee im Coffeeshop Barista. In Schweden werden Filme übrigens nicht synchronisiert, nur untertitelt, sodass man mit etwas Glück sogar einen deutsch-, oft aber natürlich englischsprachigen Film erwischt. Schräg gegenüber ragt, im Dunkeln hell erleuchtet, ein markanter Hochhausblock auf: Skrapan. Im ehemaligen Sitz der Steuerbehörde, daher auch Skattesskrapan genannt, sind Geschäfte diverser Ketten eingezogen, in den meisten Etagen sind Studentenwohnungen – und ganz oben haben das Restaurant **Himlen** ❷ sowie ein Stockwerk höher seine Cocktailbar einen Logenplatz.

Leckereien finden Spezialisten in SoFo an jeder Ecke.

Ob im Gitarrenladen mit Reparaturwerkstatt **Twang** (▶ S. 109) zwischen den anheimelnden Retromöbeln original aus den 1970er-Jahren oder draußen auf der Flanier-Allee Katarina Bangata mit den indischen Flowerpower-Cafés kann man sich an die 1960er- und 70er-Jahre erinnern fühlen. In Södermalm rollt sie ungebrochen immer weiter zurück in der Zeit, die Retrowelle, und ist bei **Daisy Dapper** (▶ S. 103) in den 1940ern angekommen.

65

#12 ›SoFo‹

KULINARISCHES FÜR ZWISCHENDRIN

Pelikan ❶: Blekingegatan 40, ▶ S. 107.
Urban Deli Nytorget ❷: Nytorget 4, ▶ S. 99.
Café String ❸: Nytorgsgatan 38, www.cafestring.com, Mo–Do 9–20, Fr/Sa bis 19 Uhr, ab 65 SEK.
Zu viel los im Pelikan? Lieber exotische Küche statt Hausmannskost? Alternativen sind ein Abendessen à la Thai im **Koh Phangan** ❹ (Skånegatan 57, T 08 642 50 40, www.kohphangan.se, Mo–Do 16–0, Fr 16–1, Sa 12–1, So 12–0 Uhr, Hauptgerichte ab 165 SEK), indisch im **Shanti Classic** ❺ (Katarina Bangata 58, T 08 642 67 22, www.shanti.se, Mo–Fr 11–23, Sa/So 13–23 Uhr, Hauptgerichte 175–185 SEK) oder vegetarisch im **Chutney** ❻ (Katarina Bangata 19, ▶ S. 96, Gerichte auf der Karte ab ca. 130 SEK aufwärts).

FUNDSTÜCKE

Pet Sounds ❶: Skånegatan 53, www.petsounds.se, ▶ S. 99.
Grandpa ❷: Södermannagatan 21, www.grandpa.se, Mo–Fr 11–18.30, Sa 11–17, So 12–17 Uhr.
Coctail deluxe ❸: Bondegatan 34, Ecke Södermannagatan, www.coctail.nu, Mo–Fr 11–18, Sa 11–17 Uhr.
Lisa Larsson Second Hand ❹: Bondegatan 48, www.lisalarssonsecondhand.com, Di–Fr 13–18, Sa 11–15 Uhr.
Pärlans konfektyr ❺: Nytorgsgatan 38, www.parlanskonfektyr.se, Mo–Fr 11–18, Sa 11–16 Uhr, ▶ S. 100.

ABENDS AUSGEHEN

Victoria ❶: ▶ S. 106. Barista: Mo–Fr 7.30–21.30, Sa/So 10–21.30 Uhr
Himlen ❷: Götgatan 78, www.restauranghimlen.se, ▶ S. 105.
Pet Sounds Bar (PSB) ❸: Skånegatan 80, Happy Hour 16–19, tgl. ab 16/17 Uhr geöffnet bis 1 Uhr, aktuelle Infos über Veranstaltungen auf der Facebook-Seite.

Cityplan: F/G 8 | **U-Bahn** T-Medborgarplatsen, T-Skanstull

Musik, Musik!

Lieber Musik? Live oder von DJs und handverlesen? Dann ist die **Pet Sounds Bar** ❸ schräg gegenüber dem gleichnamigen Plattenladen **Pet Sounds** ❶ (Nr. 53), bekannt als Treff der Indie-Fans, die richtige Adresse. Junges und älteres Publikum (30plus) ist hier ebenso bunt gemischt wie die Klänge in der Bar mit Restaurant. Im Untergeschoss steht dann die Musik voll im Mittelpunkt, ob auf der kleinen Bühne oder als Mix vom DJ.

›SoFo‹ #12

Signalfarbe Rosa: Unnötige Dinge und wunderschön Kitschiges begeistert Groß und Klein bei Coctail deluxe.

Modeparadiese für Individualisten

Der Laden von **Grandpa** 🛍 mit seiner minimalistischen Einrichtung, akzentuiert durch witzige Details, gehört nicht zu denen, wo Schnäppchenjäger sich tummeln – das Preisniveau ist relativ hoch. Hier gibt es das gediegen-lässige Outfit, das die vielen Latte-Pappas des Viertels zu schätzen wissen, in ebenso lässiger Atmosphäre. Süße Sachen sind Trumpf bei **Pärlans konfektyr** 🛍. Neben dem Ladenlokal Nytorgsgatan/Ecke Åsögatan kann man zusehen, wie die Bonbons in Form gebracht werden. Nur um die Ecke, in Rosa getaucht, liegt **Coctail deluxe** 🛍, der Laden für Kitsch schlechthin. Bei **Lisa Larsson Second Hand** 🛍 wird fündig, wer Schickes aus vergangenen Jahrzehnten sucht, zwei Hausnummern weiter kommt auch **»Herr Larsson«** zu seinem SecondHand-Outfit.

› **UM DIE ECKE**

Grüne Wohnkultur studieren kann man im Stadtteil **Hammarby Sjöstad,** wo schicke Glasbauten die alten Industriekais säumen, dazu viel Wasser, Boote und viele junge Familien. Wie der Öko-Städtebau praktisch funktioniert, erfährt man im Infozentrum **GlashusEtt** (Lugnets allé 39, www.hammarbysjostad.se).

Abends wird der Stadtteil richtig lebendig, im Restaurang **Göteborg** (▶ S. 93) mit Holzterrasse am Sickla kanal oder in der angesagten Mikrobrauerei **Nya Carnegiebryggeriet** (▶ S. 106) macht man gern die hellen Nächte bis zum frühen Morgen durch.

Am schönsten ist die Anreise per Gratisfähre ab Barnängsbrygga, Södermalm am Ende der Katarina bangata. Sonst: Anreise mit der Tvärbana bis Sickla kaj.

›SoFo Nights‹ sind mehr als verlängerte Ladenöffnungszeiten. An jedem dritten Donnerstag im Monat gibt es in einigen Geschäften neben der Gelegenheit zum entspannten Shoppen als Zugabe Livemusik und Drinks. Die Kundschaft liebt es!
Infos unter www.sofo-stockholm.se.

Streifzug durch Stockholms Sibirien – **Vasastan**

Durch die schnurgeraden Straßen pfeift der kalte Ostwind, die Sonne schafft es kaum bis in die tiefen Straßenschluchten zwischen die Mietskasernen. Für eine Expedition nördlich vom Odenplan brauchen Sie Entdeckergeist und bisweilen eine warme Mütze. Finden Sie heraus, was dran ist an dem ehemaligen Arbeiterviertel im Stockholmer Norden, in das immer mehr originelle Cafés und nette Läden ziehen.

Wer hier die Nase nur ins Buch steckt, verpasst etwas: Das funktionalistische Design der 1920er-Jahre im Innern der Stadsbibliotek ist einzigartig.

Um Odenplan erstreckt sich der erst spät entstandene Stadtteil Vasastaden (formell), kurz Vasastan. Die ab 1880 rasch hochgezogenen fünf- oder sechsstöckigen Mietskasernen boten den Arbeitern der umliegenden Fabriken und ihren Fami-

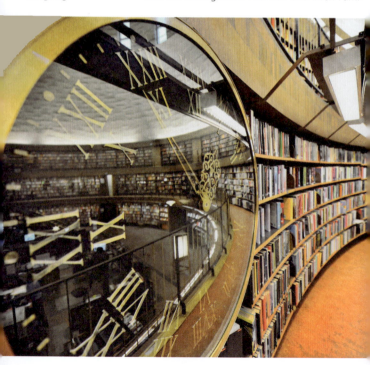

lien ein enges, aber erschwingliches Wohnen nicht weit von ihren Arbeitsplätzen: der Brauerei Hamburgerbryggeriet, der Rörstrands Porzellanfabrik oder der Roslagsbana, der Bahnstrecke gen Norden, die ab 1883 gebaut wurde. Viel Luft und Licht gab es nicht. Besonders das Quartier nördlich des Odengatan, Sibirien genannt, erhielt seinen Namen, weil es so abgelegen vom Zentrum lag. Das war damals – Roslagsgatan war noch Landstraße, die Bebauung endete am Observatorielunden und zwischen dem Observatorium und dem königlichen Haga-Park lagen nur einige Höfe *(malmgårdar)*, später auch Fabriken, dazwischen grasten Kühe. Das änderte sich schnell und die Stadt wuchs rasch in Richtung Norden. 1926 war Vasastan bereits ein eigener Stadtteil.

Der **Nullmeridian**, von dem aus früher alle Entfernungen in Schweden ab Stockholm gemessen wurden, verläuft auf dem Observatoriekullen und ist mit einer Markierungslinie am Boden gekennzeichnet.

Der Nabel des Nordens: Odenplan

Der weite, nüchtern gestaltete **Odenplan** bietet nicht viel für eine Nabelschau. Der Platz ist vor allem Verkehrsknotenpunkt, unter seinem Dreieck verbirgt sich nicht nur eine U-Bahn-Station, ab 2017 auch ein Bahnhof des Vorortzugs *pendeltåg* – Station für Zehntausende auf dem Weg von und zur Arbeit. Überirdisch geht der Blick auf drei markante Gebäude: 300 m in Richtung Sveavägen leuchtet orangerot **Stadsbiblioteket** 1, eine der Ikonen des Funktionalismus (▶ S. 81). Voraus die **Gustav Vasa kyrka** 2 (1906) mit neobarocker Fassade und Kuppel, eine der größten Kirchen Stockholms mit über 1200 Plätzen. Links oben auf dem 42 m hohen Hügel kann man die Kuppel des historischen Observatoriums ausmachen. Einen Blickfang für Retro-Fans gibt es auch: Das Neonschild von **Odenplans Bilskola** 3 (Fahrschule). Es leuchtet formschön seit Ende der 1950er-/Anfang der 1960er-Jahre an der Ecke Karlbergsvägen/Upplandsgatan. Solche Lichtreklamen sind eine Besonderheit in der Stockholmer Stadtlandschaft.

Blau vor Frühlingsblumen ist der Hügel zu Füßen des Observatoriums im April.

Über den Dächern wie Karlsson

Wer denkt angesichts des Häusermeers, das man von Vasastans höchstem Punkt **Oberservatoriekullen** überblickt, nicht an »Karlsson vom Dach«? Der Film über den eigenartigen dicken Mann, der in Astrid Lindgrens Geschichten mit auf dem Rücken montiertem Propeller wie eine Drohne über die Dächer schwirrt, wurde in Vasastan gedreht.

#13 **Vasastan**

Vegamonumentet vor dem Observatorium erinnert an Adolf Erik Nordenskiölds Vegaexpedition und die Entdeckung der Nordostpassage im Jahr 1879 mit dem Polarschiff »Vega«.

In der Dalagatan 46 direkt gegenüber Vasaparken wohnte 60 Jahre lang von 1941 bis zu ihrem Tod 2002 **Astrid Lindgren**. Ihre Wohnung kann im Rahmen von Führungen besichtigt werden; man sollte lange Zeit im Voraus buchen (nur auf Schwedisch).

Wo heute um das **Observatorium** 4 aus dem 18. Jh. der Park **Observatorielunden** ist, war bis 1880 Ende der bebauten Fläche. Heute hat man auf gleicher Höhe mit dem Turm der Stadsbibliotek einen fantastischen Blick über Odengatan und Sveavägen hinweg auf das Häusermeer.

Ausgehviertel und Secondhandmeile

Entlang der **Odengatan** bummelt es sich Richtung Vasaparken, vorbei an Bars und Restaurants, die abends das Publikum der umliegenden Theater und Showbühnen bedienen. August Strindbergs Intima Theatern ist heute nur dem Namen nach hier und eine Comedy-Bühne, die Experimentierbühne des berühmten Dramatikers lag seinerzeit am Norra Bantorget. Antikläden und andere kleine Geschäfte säumen die Odengatan im Bereich hinter der Einmündung der Dalagatan.

Ein Abstecher in die Upplandsgatan führt zu ein paar Second-Hand- und Antiquitätengeschäften – ganz so alt ist das Angebotene allerdings nicht. Bei **Bacchus Antik** liegt bei Lampen, Porzellan, Keramik, Glas und Möbeln der Schwerpunkt auf skandinavischem Design der 1950er- bis 1970er-Jahre. Schnäppchen sind in dem professionell geführten Laden allerdings nicht drin, die Preise gut kalkuliert....

Der schönste und größte Park in Vasastan ist ein beliebter Spiel- und Tummelplatz für aktive Kinder: **Vasaparken** 5. Gestaltet wurde er mit einem Felsenbereich für Kletterfreudige und einem richtigen Fußballfeld. Bummeln Sie gemütlich der Länge nach durch den Vasapark und setzen den Spaziergang über den **Sankt Eriksplan** hinweg fort in die Rörstrandsgatan.

Rörstrandsgatan

Tatsächlich hatte die berühmte Porzellanfabrik von 1870 bis 1926 hier eine Produktionsstätte. Heute erinnert das gelbe Rörstrands slott an diese Zeit. Das gleichnamige Café betreibt die Pfingstkirche, deren **Filadelfiakyrkan** 6 1929/30 als wichtiger Bau des Funktionalismus entstand. Ein kurzer Abstecher in die Rörstrandsgatan lohnt, auf einen Kaffee oder vor allem zum Lunch, aber auch am Abend. Gleich zu Anfang liegt **Mellqvists Kaffe & Bar** 1, daneben die **Non Solo Bar** 2. Etwas weiter locken mediterrane Düfte aus

Vasastan #13

Cityplan: B–E 3/4 | **U-Bahn** Odenplan, Sankt Eriksplan, **Bus** 3, 4

INFOS/ÖFFNUNGSZEITEN

Strindbergsmuseet ❾: Drottninggatan 85, T 08 411 53 54, www.strindbergsmuseet.se, Di–So 12–16, Juli/Aug. 10–16 Uhr, 75 SEK.

KULINARISCHES FÜR ZWISCHENDRIN

Mellqvists Kaffe & Bar ❶: ▶ S. 91.
Non Solo Bar ❷: Rörstrandsgatan 4, ▶ S. 92.
Angelas Deli ❸: Rörstrandsgatan 16, www.angelasdeli.se, Lunch Mo–Fr 10–15 Uhr.
Café Ritorno ❹: Odengatan 80, ▶ S. 91.

Sibiriens soppkök ❺: Roslagsgatan 25, ▶ S. 94.

FUNDSTÜCKE

Bacchus Antik ❶: Upplandsgatan 46, www.bacchusantik.com, Mo–Fr 12–18, Sa 11–16 Uhr, So geschl.
Salong Pottan ❷: Rörstrandsgatan 18, ▶ S. 102.

FÜR DEN SPÄTEREN ABEND

Tennstopet ❶: Dalagatan 50, www.tennstopet.se, Mo–Fr 11–1, Sa/So 13–1 Uhr, ▶ S. 105.

der italienischen Küche von **Angelas Deli** ❸ (Rörstrandsgatan 16) an Werktagen zum Lunch ins Souterrain. In den Lädchen und Boutiquen der Rörstrandsgatan lässt sich auch gut shoppen. Ein Töpferatelier nimmt die Tradition der Keramikproduktion wieder auf. Die hübsch bemalten Tassen von Margaretha Wallins **Salong Pottan** ❷ sind ein nettes Souvenir. Manchmal wird live an der Töpferscheibe gearbeitet.

Bis zum Ende der Insel

Bei schönem Wetter kann man der Rörstrandsgatan bis zum Ende der Klippe folgen, wo sie nach Norden abbiegt und den Blick auf die Hochhausriegel auf der Insel Kungsholmen ge-

#13 Vasastan

Ein Winter in Sibirien kann für alle Verkehrsteilnehmer anstrengend werden.

genüber und auf **Karlbergs slott** 7 werfen, heute Militärschule.

Am Wasser entlang kann man herrlich promenieren, eine beliebte Strecke für Kinderwagen, Radler und Skater. Wer jetzt eine Kaffeepause braucht, hat reichlich Auswahl, außer in der Rörstrandsgatan auch auf dem Rückweg zum Odenplan im **Café Ritorno** 4 gegenüber Vasaparken.

Und jetzt nach Sibirien

Nachtschwärmer haben die Wahl – Retroflair signalisiert schon das Neonschild der Traditionskneipe **Tennstopet** ✱ an der Ecke Dalagatan/Odengatan. Oder lieber eine Exkursion nach Sibirien? Die winzige ›Suppenküche‹ **Sibiriens soppkök** (Roslagsgatan 25, Ecke Frejgatan) hilft mit einem gut gewürzten heißen Teller Suppe garantiert gegen kalte Winde und den skandinavischen Winterblues.

In der Roslagsgatan wartet noch eine eine herzerwärmende Überraschung, vor allem für Jazzfans. Im winzigen **Monica Zetterlunds park** 8 singt die bis heute berühmteste schwedische Jazz-Sängerin mit den Vögeln um die Wette – aus den Lautsprechern tönt stets leise ihre warme Stimme. Der kleine ruhige Park an der Roslagsgatan ist ideal für eine Ruhepause. Das kleine gelbgetünchte Gebäude mit dem roten Holzschuppen, ein ehemaliger Gutshof, den man zwischen den vier- bis fünfstöckigen Mietshäusern fast übersieht, ist ein Überbleibsel aus der Zeit vor 1880, als es hier noch ländlich zuging. Ein paar Schritte weiter ist das ländliche Idyll wieder passé, der Verkehr in der Odengatan oder der Birger Jarlsgatan oder auf dem Sveavägen bringt Sie schnell zurück ins Heute.

A AMPEL

Bei Rot über die Ampel – der Stockholmer und die Stockholmerin ignorieren prinzipiell die optischen Signale, die von Fußgängerampeln ausgehen. Nichts kann ihn oder sie stoppen, wenn weit und breit schließlich kein Auto zu sehen ist. Und sollte doch eines auftauchen, stoppt es für Fußgänger – meistens.

→ UM DIE ECKE

Zu den Neubauten, die bereits ab 1880 südlich der Odengatan errichtet wurden, gehörte das Haus Blå Tornet. Hier bezog als Erster August Strindberg im Jahr 1908 eine Wohnung. Es war die 24. Wohnung, die er im Lauf der Jahre in Stockholm bewohnte. Sie ist heute als **Strindbergsmuseet** 9 zu besichtigen. Alles sieht so aus, als habe er sie gerade nur für einen Spaziergang verlassen. Schon die Fahrt mit dem Aufzug mit Scherengitter bis in den 5. Stock *(6. våning)* ist ein Erlebnis …

Versailles am See – **Schloss und Park Drottningholm**

Das königliche Architektur-Ensemble aus Barockschloss mit zahlreichen Kunstschätzen, einzigartigem historischem Theater und Chinesischem Schlösschen im ausgedehnten Schlosspark ist einen Halbtagesausflug wert, noch schöner als Tagestour mit Anreise per Dampfer über den Mälarsee.

Drottningholms slott 1 ist sicher die schönste der drei Welterbestätten in Stockholm, das vollendete Ensemble einer barocken Schlossanlage, welche die Architektur in die Landschaft fortsetzt. Scheinbar endlos erstrecken sich auf der Gartenseite die Terrassen, von niedrigen Buchsbaumhecken geometrisch gegliedert. Hofarchitekt Nicodemus Tessin d. Ä., der 1662 den Auftrag zum Bau des Schlosses erhielt, und sein Sohn kombinierten Vorbilder aus Holland, Frankreich und Italien. Der imposante **Herkulesbrunnen** 2, dessen bronzene Figuren als

Den Architekten von Drottningholms slott schwebte ein ›Best of‹ des europäischen Barock vor – gelungen!

#14 Drottningholm

Die Blickachse vom Schloss führt in den symmetrisch angelegten Garten und über ein grünes Heckenlabyrinth bis in die Landschaft.

Das **Chinesische Schlösschen** entstand als Geburtstagsüberraschung für Lovisa Ulrika. Die Preußenprinzessin, Schwester Friedrichs II., hatte 1744 den schwedischen Kronprinzen Adolf Fredrik geheiratet. Das königliche Lustschloss ist mit dem ausschwingenden Pagodendach ein Beispiel für die Chinoiserie-Mode des 18. Jh.: chinesisches Porzellan, Lackmöbel und -täfelungen, Seidentapeten, alles originalgetreu restauriert.

Kriegsbeute aus Prag kamen, erinnert an die Großmachtzeit, als Schweden den gesamten Ostseeraum beherrschte.

Besonders sehenswert im Innern des Gebäudes sind das prächtige **Treppenhaus** mit italienischen Stukkaturen und Marmorstatuen sowie das Schlafzimmer von Königin Hedvig Eleonora: Herrscherporträts und andere Gemälde, unter anderem von David Klöcker Ehrenstrahl, dem aus Hamburg stammenden Hofmaler des 17. Jh., Stofftapeten aus Delft und englische Gobelins. Seit 1981 wohnt die königliche Familie im Südflügel.

Zum Verlaufen schön: der Park

Beim Spaziergang durch den Park Richtung Kina slott passiert man ein prächtiges Wachzelt, **Vakttält** 3, in Blau und Gold, das 1781/82 errichtet wurde und ähnlich den Kupferzelten im Hagapark der Schlosswache als Unterstand diente. Heute wird in dem Holzbau eine Ausstellung zur Geschichte von Schloss und Palastwache gezeigt. Das Chinesische Schlösschen **Kina slott** 4 ist nach etwa 10 Min. Fußweg erreicht.

Zum Verlaufen schön ist der große **englische Garten** 5: eine Seenlandschaft, baumbestandene Ufer, alles andere als gerade Linien herrschen

Drottningholm #14

n diesem Teil von Drottningholm, ganz im Gegensatz zu dem strengen Barockgarten direkt hinter dem Schloss.

Schlosstheater und Theatermuseum

Eine Führung durch **Drottningholms slottsteater** 6, das Schlosstheater von 1766, ist ein Erlebnis. Die Einrichtung blieb erhalten wie zu Gustavs III., des ›Theaterkönigs‹, Zeiten: die Bühnenbilder, die gesamte Geräuschmaschinerie und der Theatersaal mit sechs Logen. Ein Blick hinter die Kulissen zeigt die erstaunliche Bühnentechnik des 18. Jh., die bei heutigen Vorstellungen noch in Aktion ist – Theaterdonner und Windmaschine anno 1766. Wer es schafft, Karten für eine Vorstellung zu ergattern, kann sich glücklich schätzen: Ein Theaterabend in diesem historischen Ambiente bleibt unvergessen

Die beweglichen Kulissen der Bühne des Schlosstheaters: Technik des 18. Jh., die noch heute funktioniert.

INFOS/ÖFFNUNGSZEITEN

Besökscenter: Café und Laden
Wachablösung: Im Sommer tgl. um 12 Uhr im Schlosshof (vor dem Theatermuseum).
Drottningholms slott 1: T 08 402 62 80, www.kungahuset.se, Mai–Sept. tgl. 10–16.30, April 11–15.30, Okt. Fr–So 11–15.30, übrige Zeit Sa/So 12–15.30 Uhr, 130 SEK.
Kina slott 2: wie Schloss, Mai–Sept. tgl. 11–16.30 Uhr, 100 SEK, Kombiticket mit Schloss 190 SEK.
Drottningholms Slottsteater 6: www.dtm.se, Theaterführungen, auch auf Deutsch, April tgl. 12–15.30, Mai–Aug. 11–16.30, Sept. 11–17, Okt. 12–15.30, übrige Zeit Sa/So 12–15.30 Uhr, 100 SEK.

KULINARISCHES FÜR ZWISCHENDRIN

Im Café des Besuchercenters oder – weitaus stilvoller – im **Schlosscafé Karamellan** 1 (www.drottningholms slottscafe.se, April tgl. 11–16, Mai–Sept. 9.30–17, Okt. Fr–So 11–16, Nov.–März Sa/So 11–16 Uhr, Hauptgerichte 150–200 SEK) kann man sich im Restaurant/Café gegenüber dem Slottsteater nach dem Spaziergang durch den Park stärken. An Theaterabenden länger geöffnet.

FUNDSTÜCKE

Außerdem bietet ein Souvenirshop eine Fülle von Mitbringseln mit Bezug zur schwedischen Königsfamilie – vom Buch bis zur Kaffeetasse.

Cityplan: Karte 4 | **U-Bahn** T-Brommaplan, dann **Bus** 301–323 (ca. 30–60 Min.)

Kurztrip in die Schären – Fjäderholmarna

Eine Schärenidylle mit allem, was dazugehört, vom Bootsschuppen über die Restaurantterrasse am Steg bis zur Fischräucherei, von der felsigen Badebucht bis zum Sandstrand – alles zusammen und vor allem die nur 30-minütige Fahrt hinaus in die Ostsee sorgen für das ultimative Saltkrokan-Gefühl.

Bei schönem Wetter ziehen Stockholmer Familien mit Kind und Kegel auf die vier ›Inseln im Strom‹ – der Name Fjäderholmarna leitet sich ab von Fjärdholmarna, ›Inseln in der Fahrrinne‹. Inmitten der mit Hochhäusern übersäten Inselwelt am Rand der Großstadt liegen sie als idyllischer Mikrokosmos – Schäreninseln wie aus dem Bilderbuch.

Manchmal lohnt es sich, die Dinge aus einer anderen Perspektive zu betrachten.

Ostseekreuzfahrt en miniature

Sobald die Leinen gelöst sind – ob an **Nybrokajen** oder auch am Bootsanleger Slussen –, gilt es auf der kurzen Bootsfahrt die Augen offen zu halten, denn

Fjäderholmarna #15

ganz nebenbei passiert man einige der schönsten Uferstrecken der Stadt am Ostseestrand.

Gleich zu Beginn gleitet die Insel **Skeppsholmen** 1 mit der Kuppel der ehemaligen Skeppsholmens kyrka (19. Jh.), heute Eric-Ericson-Konzerthalle, und dem zinnenbewehrten Turm von **Kastellholmen** vorbei, welche die seit dem 17. Jh. als Marinestützpunkt dienende Insel krönen. Rechts thront als wichtige Landmarke die Kuppel der **Katarina kyrka** 2 auf den Klippen von Södermalm.

Schon sieht man die typische Silhouette des **Vasamuseet** in der Bucht links verschwinden. Die bewaldeten Ufer von Djurgården machen Platz für eine schmucke Villa, deren gelbe Mauern die Ostseeufer kurzzeitig wie die Riviera erscheinen lassen, **Prins Eugens Waldemarsudde** 3.

Dann taucht die futuristische Architektur von **Nacka Strand** 4 auf, mit Carl Milles' himmelsstürmender Skulptur »Gottvater auf dem Regenbogen«. Die Ankunft am Bootssteg der Hauptinsel, **Stora Fjäderholmen** 5, mutet an wie eine Rückkehr in die gute alte Zeit. Holzschuppen säumen den Bootssteg, eine Räucherei verbreitet appetitliche Düfte und die Kinder stehen an nach Eis.

Schärenromantik – wer denkt da nicht an Astrid Lindgrens »Ferien auf Saltkrokan«?

INFOS/ÖFFNUNGSZEITEN

Infos: www.fjaderholmarna.se
Anreise: Mai–Sept. u. a. www.fjaderholmslinjen.se ab Slussen oder www.stromma.se ab Nybrokajen, Dauer 30 Min., Erw. 150 SEK.
Es gibt ein **Bootsmuseum** mit historischen Fischerbooten aus den Schären *(allmogebåtarna)* und man kann ein Whisky-Lager der Firma Mackmyra besuchen (www.mackmyra.se).

KULINARISCHES FÜR ZWISCHENDRIN

Am besten packt man selbst eine Picknicktasche. Denn die Restaurants verschiedener Preisklassen auf der Insel sind vor allem in den Ferien gut besucht.

FUNDSTÜCKE

Souvenirs mit Schären-Flair verkaufen diverse Läden: Türklopfer, Kaffeebecher oder Textilien mt Seefahrtsmotiven, von Kunsthandwerkern gearbeitete Keramik, Glas oder andere Produkte.

Cityplan: Karte 4 | **Boote** (Mai–Sept.) ab Slussen oder Nybrokajen

Stockholmer Museumslandschaft

EINTRITTSKARTEN *in eine andere Welt ...*
Mit Moderna Museet, Vasamuseet und Skansen (▶ S. 44, 48, 52) gibt es rund 80 weitere Museen, hier meine Favoriten.

UND JETZT ENTSCHEIDEN SIE!

Nobelmuseet
Di–Do 11–17, Fr 11–20,
Sa/So 11–18 Uhr
120 SEK (Fr 17–20 Uhr frei)

Alles, was Sie schon immer über den Nobelpreis wissen wollten: Die ehemalige Börse in der Altstadt gibt multimedial Antworten, u. a. mit Filmen über die Preisträger und ihre Arbeit sowie die Preisverleihung.

◯ JA ◯ NEIN �📖 F 6, www.nobelcenter.se

Millesgården
Mai–Sept. tgl., Okt.–April
Di–So 11–17 Uhr
150 SEK

Das Wohnhaus und Atelier des Künstlerpaars Olga und Carl Milles (1875–1955) auf den Klippen von Lidingö ist ein Pilgerort für Kunstfreunde. Der Terrassengarten präsentiert eindrucksvoll Milles' Skulpturen.

◯ JA ◯ NEIN 📖 K 1, www.millesgarden.se

Nationalmuseum
Di/Mi, Fr–So 11–19,
Do 11–21 Uhr
Eintritt frei

Den Kunsttempel schmücken Fresken von Carl Larsson und Skulpturen von Tobias Sergel. Das üppige Augenschmaus-Angebot reicht von den Alten Meistern über die französischen Impressionisten bis ins 21. Jh.

◯ JA ◯ NEIN 📖 F 5, www.nationalmuseum.se

Etnografiska Museet
Di, Do–So 11–17,
Mi 11–20 Uhr
Eintritt frei

Die unglaubliche Vielfalt der Kulturen der Welt ist Thema dieses Museums. Ein Schwerpunkt der Sammlung sind Nordamerikas Indianer – ein aus einer gigantischen Zeder geschnitzter Totempfahl empfängt Sie am Eingang.

◯ JA ◯ NEIN 📖 K 5, www.varldskulturmuseerna.se

Stockholmer Museumslandschaft

Naturhistoriska Riksmuseet
Di–So 10–18 Uhr, in den Schulferien tgl.
Eintritt frei

○ JA ● NEIN

Im Naturhistorischen Museum bestaunen Sie in Vitrinen bunte Vögel, Falter und Mineralien, in den Dioramen Szenen aus dem Leben von Luchs, Wolf und Elch – die ganze Fülle der Natur.
🗺 außerhalb E 1, www.nrm.se

Abbamuseum
tgl. 10–18/19 Uhr (letzter Einlass 1,5 Std. vor Schließung)
ab 16 Jahre 250 SEK

○ JA ● NEIN

Mehr Event als Museum, widmet sich das Museum interaktiv und multimedial dem Phänomen ABBA, der Kultband der 1970er, außerdem in der ›Swedish Music Hall of Fame‹ der Geschichte der schwedischen Popmusik.
🗺 H 6, www.abbathemuseum.com

Tekniska Museet
Mo, Di, Do–So 10–17, Mi 10–20 Uhr
ab 7 Jahre 150 SEK, Mi 10–20 Uhr frei

○ JA ● NEIN

Nerds und solche, die es werden wollen, finden hier Experimentierstationen, wo sie alles über die innovative Technik von heute und morgen erfahren. Mit 4D-Kino Cino4 (Extraticket).
🗺 K 5, www.tekniskamuseet.se

Fotografiska
So–Mi 9–23, Do–Sa 9–1 Uhr
ab 12 Jahre 145 SEK

○ JA ● NEIN

Das Ausstellungshaus für Fotografie und Videokunst in dem an sich schon sehenswerten historischen Zollhaus stellt namhafte Künstler in Werkausstellungen vor. Wunderbar ist die Aussicht von der Caféterrasse aus.
🗺 G 7, www.fotografiska.eu

Sjöhistoriska museet
Di–So 10–17 Uhr
Eintritt frei

○ JA ● NEIN

Hier schlagen Seefahrerherzen höher: Schiffsmodelle und nautische Gegenstände, auch Boote im Original, die das Leben an Bord zeigen, sowie spannende Funde der Unterwasserarchäologen.
🗺 K 5, www.sjohistoriska.se

Stockholmer Museumslandschaft

Bunt und vielfältig ist die Stockholmer Museumslandschaft: Es gibt Museen zu den ungewöhnlichsten Themen vom Nobelmuseum über das Sport- und Polizeimuseum bis zum Abbamuseum. Kunstgalerien mit Werken der Maler des nordischen Impressionismus um die Wende zum 20. Jh. sind ein besonderes Highlight, die in Villen wie Waldemarsudde oder Thielska Galleriet untergebracht sind.

Viele der rund 80 Museen liegen auf Djurgården, sowohl im nördlichen als auch im südlichen Teil der Insel, die als Ekoparken (▶ S. 58) vor Bebauung geschützt ist. Die rund 1000-jährigen Eichen auf Södra Djurgården sind ein weiteres Museum – eins der Natur.

TIPPS FÜR DEN MUSEUMSBESUCH

Öffnungszeiten: Montags sind bis auf wenige Ausnahmen die meisten Museen geschlossen. Viele sind an einem Tag der Woche länger geöffnet, bis 20 Uhr.
Eintrittspreise: Der Besuch der städtischen Stockholmer und der staatlichen Museen kostenlos; ausgenommen sind Sonderausstellungen. In den meisten Museen zahlt außerdem keinen Eintritt, wer unter 18 Jahre alt ist, Rabatt gibt es oft für über 65-Jährige. Die meisten Museen sind allerdings nicht staatlich oder städtisch.
Rabatte: Wer neben Museen auch noch viele andere Sehenswürdigkeiten besichtigen möchte, für den kann es sich lohnen, einen **Stockholmpass** (▶ S. 112) zu kaufen. Er gewährt Eintritt in eine Reihe von Sehenswürdigkeiten und Rabatte auf manche Einkäufe und Sightseeingtouren. Der Preis ist allerdings so hoch, dass man sich anstrengen muss, das Angebot auch nur annähernd auszunutzen. Wer häufiger in Schweden unterwegs ist, kauft sich besser eine **Kulturarvskort**. Sie gilt ein ganzes Jahr lang (Mai–Mai) und gewährt 50 % Rabatt auf ca. 300 Museen und Schlösser im Land (www.svenskkulturarv.se) und ist in den meisten Touristeninfostellen zum Preis von 175 SEK erhältlich.
Infos: Eine Faltbroschüre mit Öffnungszeiten und Lageplan der Museen liegt in den Touristeninformationen und den Museen aus (auf Schwedisch und Englisch), im Internet www.stockholmmuseum.se und als Gratis-App mit Karte.

Das Abbamuseum beschwört die guten alten Zeiten der Sixties und Seventies.

Moderne Architektur und Design

Einige von Stockholms schönsten Bauten, wie Stadshuset (▶ S. 32) und Konserthuset, entstanden in den 1920er-Jahren. Das damals entwickelte ›Schwedische Modell‹ bewirkte auch in der Architektur einen Wandel, und ab 1930 trug der kühl-zweckorientierte Funktionalismus *(funkis)* der modernen Gesellschaft Rechnung.

Bücher-Tempel
Stadsbiblioteket 🕮 D/E 3
Kurz bevor der Architekt Gunnar Asplund ab 1930 zu einem Vertreter des Funktionalismus wurde, hatte er mit der Stockholmer Stadtbibliothek (1924–28) noch einen Wissenstempel nach klassischer Manier gebaut, der mit klaren Formen beeindruckt. Über Treppen steigt man auf in die große Rotunde wie in einen Bücherturm mit Regalen, so weit das Auge reicht …
Sveavägen 73 (Ecke Odengatan), www.biblioteket.stockholm.se, T-Odenplan oder Rådmansgatan, Mo–Do 10–21, Fr 10–19, Sa/So 11–17 Uhr, Termine Führungen lt. Homepage

Ruhe mit Weite
Skogskyrkogården 🕮 südl. F 8
Zu Beginn des 20. Jh., als Protz und Prunk im Grabschmuck die Regel waren, war das schlichte Konzept des 1920 eröffneten ›Waldfriedhofs‹ von Gunnar Asplund und Sigurd Lewerentz eine Revolution. Was zuerst ins Auge fällt, ist Almhöjden, ein von Ulmen bestandener künstlicher Hügel, der sich in einem Teich spiegelt. Die deutsche Romantik stand Pate – der Hügel erinnert an ein Caspar-David-Friedrich-Gemälde von 1824. Mehrere Grabkapellen verteilen sich über das Gelände, die Architektur ist der Landschaft untergeordnet – ein Grund für die Unesco, die Anlage 1994 als Welterbe auszuzeichnen. Viele berühmte Stockholmer sind hier begraben, Greta Garbo hat einen schlichten roten Granitgrabstein mit ihrem Namenszug.
www.skogskyrkogarden.se, T-Skogskyrkogården, Visitor Center Mai, Sept. Sa/So, Juni–Aug. tgl.

Kunst im Bahnhof
Östra Station 🕮 F 3
1932 eröffnet, ist die Eingangshalle zur Endstation der Roslagsbana einen zweiten Blick wert: Das Deckengemälde von Evald Dalskog (1899–1950) in der Kuppel zeigt in einem recht volkstümlichen Stil der Neuen Sachlichkeit diverse Berufe aus Roslagen, der Region nordöstlich von Stockholm. Das Restaurant im Obergeschoss der Rotunde ist nicht nur als Fanlokal des Eishockeyvereins Djurgårdens IF bekannt, sondern auch die Originaleinrichtung in heller Birke mit schwarzen Details im skandinavischen ›Funkis‹-Stil ist sehenswert. Seit 1935 betreibt dieselbe Familie das Restaurant, dessen Hausmannskost besonders mittags beliebt ist.
Stockholm Östra, Valhallavägen 75–77, Restaurant www.ostrastation.se, Mo–Fr 10–21, Sa 11–21, So 12–20 Uhr

Stadtviertel aus einem Guss
Gärdet 🕮 H/ 2/3
Ab den 1930er-Jahren entstand auf dem früheren Militärgelände nordöstlich von Östermalm ein Wohnviertel in einem einheitlichen, damals neuen Stil, der weltweit zum Modell wurde: Funktionalismus. Architekt Arvid Stille entwarf für Gärdet eine Wohnsiedlung mit großen Grünflächen zwischen den einzeln stehenden Hochhäusern. Sehenswert ist das Areal um Tessinparken, z. B. Askrikegatan.
T-Gärdet oder T-Karlaplan

Wildnis-Abenteuer in der Großstadt – Urban Outdoor

 Wenn es Sie als Ausgleich zur Pflastertreterei im Großstadtdschungel in die Wildnis zieht, haben Sie es nicht weit. Sogar mitten im Zentrum kommt man der Natur nah beim Baden, Paddeln, Wandern oder Skifahren.

Dachspaziergang
Riddarholmen 📙 E/F 6
Ganz ungewöhnliche Ein- und Aussichten ergeben sich bei den geführten Dachspaziergängen *(takvandringar)* in Riddarholmen vom ehemaligen Kammergericht am Birger Jarls torg. Die Aussicht ist das Eine, das Magenkribbeln beim Blick tief in die Straßenschluchten ein Weiteres ...
Upplev Mer, www.takvandring.com, 595 SEK/Person inkl. Verleih von Seil und Kletterausrüstung, mit Führung in Englisch oder Deutsch

Radfahren
Versteckte Wildnis auf Djurgården oder im Hagapark
Die Möglichkeiten für eine schöne Radtour zu den weniger besuchten Stellen auf Djurgården, wo des Abends die Fledermäuse jagen, oder zu idyllischen Orten im Hagapark sind vielfältig, die Radwege erstklassig. Neben den überall präsenten Stockholm City Bikes gibt es Fahrradverleihe, die komfortable Räder und Zusatzausrüstung haben (▶ S. 111).
Fahrradverleih u. a. bei Djurgårdsbrons Sjöcafé (▶ S. 50) oder Gamla stans cykel, Stora Nygatan 44, T 08 411 16 70, www.gamlastanscykel.se, Mo–Fr 10–18, Sa 11–16 Uhr, 250 SEK/Tag

Klippen- oder Strandbadeplätze
Brunnsvikens strandbad
📙 nördl. D 1
Der Badeplatz an der Ostseebucht Brunnsviken bekommt viel Abendsonne ab und ist gut mit dem Fahrrad zu erreichen. Ausgezeichnete Wasserqualität, Badesteg und Liegewiesen am Strand, Klippen gibt es auch, nebenan.
Frescati Hage, T-Universitetet

Stadtnäher geht es nicht
Långholmens strandbad 📙 B 6
und Långholmens klippbad 📙 C 6
Das stadtnächste Bad im Mälarsee liegt auf der Nordseite der Insel Långholmen. Klippbad: stadteinwärts der Västerbron, schöne Klippen zum Sonnen. Strandbad: westlich der Brücke, Sandstrand.
Långholmen, T-Hornstull, Bus 4

Beliebtes Strandbad
Tanto strandbad 📙 C 8
Das 2014 renovierte Strandbad gehört zu den beliebtesten in Stockholm. Neben Sandstrand und Klippen für ein Sonnenbad ist der Park Tantolunden in Reichweite, es gibt einen Kiosk und Minigolf.
T-Hornstull

Kinderfreundlich
Smedsuddsbadet 📙 B 6
Das Bad am Mälarsee hat Spielplatz und Kiosk. Für das stärkende Picknick nach dem Bad bietet sich der Rasen des Rålambshovsparken an.
Mariebergspark, Kungsholmen (unter Västerbron), T-Thorildsplan oder T-Fridhemsplan, dann Bus 4

Stockholm von Wasser aus
Kanutouren in der Stadt
Die Routen sind vielfältig, je nach Startpunkt und Gewässer empfehlen sich verschiedene Anbieter. Mitten in der Innenstadt bei Djurgårdsbrons sjöcafé (▶ S. 50) startet man zu einer Runde um Södra Djurgården. Oder Sie paddeln in ruhigen Wassern um Kungsholmen, im Ulvsundasjön/Karlbergskanalen (📙 A 3), in der Ostseebucht Brunnsviken mit Blick auf Hagaparken (📙 nördl. C 1).

Wildnis-Abenteuer in der Großstadt – Urban Outdoor

Lieber eine Runde um das idyllische Långholmen? Alles machbar von Mai bis September.

Surfbussen, Kungsholms strand 181, www.surfbussen.nu; Brunnsvikens kanotklubb, Hagvägen 5, www.bkk.se; Långholmens kajak, Alstaviksvägen 3, www.langholmenkajak.se. Preise Einer-/Zweierkajak 2–4 Std. ca. 350/700 SEK

See und Wald
Nackareservatet Karte 4
Intakte Natur findet man nicht weit von Hammarby sjöstad im Nacka naturreservat, das sich die Kommune Nacka und die Stadt Stockholm teilen. Im Winter kommen die Langläufer, im Sommer die Nordicwalker (schwed. *stavgång*). Neben kinderwagentauglichen Plankenwegen führen auch spannende Wildnispfade durch alten Eichenwald und zum Ufer des Sicklasjö. Über Plankenwege kann der Ältasjö gequert werden zum im Süden anschließenden Flaten naturreservat.

T-Hammarbyhöjden oder T-Björkhagen, Folder herunterladbar auf www.stockholm.se, Stichwort Nackareservatet

Sportliche Vielfalt
Hellasgården Karte 4
Sommers wie winters ein Bad im Kalltorpsjö, mit oder ohne Sauna, Joggen, Langlaufski fahren, Boule, Minigolf oder Beachvolleyball spielen – Sie haben die Wahl. In der Sportanlage *(friluftsgård)* kann man außerdem übernachten. Hellasgården liegt am Rand des Nackareservatet.

Ältavägen 101, www.hellasgarden.se, Bus 401 ab Slussen, insgesamt 25 Min. ab Centralen

Wandern durch die Wildnis
Tyresta nationalpark Karte 4
Natur erleben kann man auf Djurgården mit altem Eichenwald und Vogelsee (▶ S. 56) – und mit dem Nationalpark Tyresta ist sogar ›echte‹ Wildnis in Reichweite. Bequeme Rundwege (2,5 km oder 6 km) sowie der Fernwanderweg Sörmlandsleden erschließen den Nationalpark ca. 20 km südöstlich der Stadt mit 120–350 Jahre altem Urwald, Mooren und Seen. Von einem Großbrand 1999 hat sich die Natur bereits gut erholt (Führungen April–Okt. Sa 11–13 Uhr). In Tyresta by informiert ein **Naturum** über das Feuer, über die vielfältige Natur ganz Schwedens und die 30 Nationalparks des Landes (Di–Fr 9–16, Sa, So 10–17 Uhr).

www.tyresta.se, Bus 807 ab T-Gullmarsplan nach Svartbäcken, dann 3 km Fußweg nach Tyresta by (Sörmlandsleden), oder pendeltåg bis Handen C, dann Bus 834. Einige wenige Busse fahren auch von/bis Tyresta by.

Schärenidyll
Björnö naturreservat Karte 4
Nur knapp 40 Min. Busfahrt von Slussen liegt am Südostzipfel von Ingarön ein Idyll aus Wiesen und Weiden, durchzogen von kleinen Wegen. Ein Rundweg von ca. 5 km führt einmal um die als Naturreservat geschützte Insel Björnö mit dem Sandstrand Torpesand im Süden, Aussichtsplätzen und einem Kajakverleih in Björnvikstorp.

http://skargardsstiftelsen.se/omrade/bjorno, Bus 428 oder 429 ab Slussen bis Björnö naturreservat, Kajakverleih: http://kajakeriet.se

Skifahren
Hammarbybacken südl. J 8
Schneesicher ist Stockholm am ehesten im Februar/März. Neben verschiedenen Langlaufoptionen (u. a. in Gärdet) ist der Slalomhang mit der besten Aussicht in der Saison präpariert: Hammarbybacken mit fünf Abfahrten und Lift.

Hammarby sjöstad, www.skistar.com/hammarbybacken, Tvärbana bis Sickla kaj

Dachspaziergang in Riddarholmen

Pause. Einfach mal abschalten

Kaum eine Großstadt kann so viele naturschöne und citynahe Plätzchen am Wasser vorweisen wie Stockholm, ob am Mälarsee oder an der Ostsee. Und erst die Parks! Herrlich zum Entspannen sind Cafés im Grünen oder auch eine Wellnessoase mit nostalgischem Charme.

Königliche Liegewiese
Hagaparken 🗺 C 1
Machen Sie es wie die Stockholmer, sobald die Sonne blinzelt: Breiten Sie eine Decke aus und picknicken oder legen Sie sich einfach auf die Wiese zu Füßen der Kupferzelte am Nordeingang des Parks. Haga slott – abgeschirmt, eingezäunt und kameraüberwacht – ist heute Wohnsitz von Kronprinzessin Victoria und Familie. Der Schlosspark steht als Teil von Ekoparken jedem offen. Das im 18. Jh. von Gustav III. erdachte Gesamtkonzept für einen Landschaftspark konnte nur teilweise realisiert werden, bevor der König 1792 einem Attentat zum Opfer fiel. Ein Schmuckstück ist **Gustavs III:s paviljong** (1780–90), in seiner schlichten Eleganz mit Spiegelsaal und Dekor in Gold und Weiß Vorbild für den ›Gustavianischen‹ Stil und ein Beispiel für das Miteinander von Natur und Architektur im Rokoko.
Haga, Solna, Bus 515 ab Odenplan bis Haga Norra grindar (Nordeingang)

Abschalten: Ausflug in die Schären

Volksnah
Kungsträdgården 🗺 F 5
Der langgestreckte Platz in der geschäftigen Innenstadt zwischen Oper und Hamngatan belieferte vor 300 Jahren als Gemüsegarten die königliche Tafel. Ganz aus dem Häuschen sind vor allem asiatische Besucher der Stadt, wenn sich die ersten rosa Kirschblüten im April öffnen. Die Bäume sind ein Geschenk Japans. Und sonst? Im Sommer am plätschernden Brunnen ein Eis essen, einem Freiluftkonzert lauschen, einen Mittelaltermarkt oder den Weihnachtsmarkt besuchen ... Am Südende, auf der Rückseite des Opernhauses, schließt sich **Karl XII:s torg** an, ein Tee-Pavillon bietet Erfrischungen, mit Blick übers Wasser zum Schloss.
Norrmalm, T-Kungsträdgården

Eine kleine grüne Insel
Långholmen 🗺 C 6
Die Insel bietet nicht nur das stadtnächste Bad im Mälarsee auf ihrer Nordseite (Klippbad stadteinwärts der Västerbron, schöne Klippen zum Sonnen, Café und Restaurant. Strandbad westlich der Brücke, Sandstrand), sondern außerdem viel Grün, einen tollen Aussichtsplatz auf einer hohen Felsklippe sowie den Nervenkitzel, sich auf einer ehemaligen Zuchthaus-Insel zu befinden – extrem beruhigend, dass man hier heute in den Zellen des STF-Vandrarhem übernachten kann (▶ S. 87).
Långholmen, T-Hornstull, Bus 4

Eine große grüne Insel
Djurgården 🗺 H–K 5–7
Die Insel stellt ein riesiges Freiluftareal dar, auf dem jeder ohne Mühe ein stilles

Pause. Einfach mal abschalten

Plätzchen findet. Nur die Westseite ist mit Museen und Kunsthallen, dem Vergnügungspark Gröna Lund und diversen Gastronomiebetrieben ziemlich dicht bebaut, im östlichen Teil herrscht freie Natur (▶ S. 56).

Djurgården-Fähre, Straßenbahn

Himmlisch nah bei den Sternen
Café Himlavalvet D/E 3
Kaffee, Waffeln und Kuchen in historischer Atmosphäre in der gemütlichen *tvättstuga* des Observatoriums von 1650 und bei schönem Wetter draußen im geschützten Hof. Vom Park Observatorielunden hat man einen fantastischen Blick über die Dächer von Vasastan und Östermalm. Der steile Aufstieg auf den Hügel der Sternwarte lohnt sich. Von der Aussichtsterrasse mit der Bronzefigur des »Zentaur« blickt man auf die Stadsbibliotek und die Details des Relieffrieses der Fassade.

Drottninggatan 120 (Observatorielunden), www.kafehimlavalvet.se, 11–16 Uhr, im Sommer bis 18 Uhr, Waffeln um 50 SEK

Wellness plus Nostalgie
Centralbadet E 4
In der maurisch inspirierten Pfeilerhalle des Jugendstilbaus (Baujahr 1904) vergisst man leicht die Zeit. Aber das kann man ja auch, schließlich gilt der Eintrittspreis für den ganzen Tag und schließt neben dem Bad im 30 °C warmen Becken verschiedene Saunen und Dampfbäder ein.

Drottninggatan 88, Norrmalm, www.centralbadet.se, T-Hötorget, Mo–Fr 7–20.30, Sa 8–19.30, So 9–17.30 Uhr, Zutritt ab 18 Jahre, ab 250 SEK/Tag

Paradies am Wasser
Waldemarsudde J 7
Der Park am Ufer unterhalb der Prinzenvilla (▶ S. 57) auf der Sonnenseite prunkt mit eleganter Blumenpracht, erlesene Skulpturen zieren Terrassen, Treppen und Balustraden und ein paar Schritt hinterm Haus kann man sich angesichts der tausendjährigen **Prinsens Ek** in philosophische Gedanken verlieren. Ein wunderbarer Ort der Ruhe.

Prins Eugens väg 6, www.waldemarsudde.se, Straßenbahn

ÜBRIGENS

Ein Schiffsausflug in die Schären ist das Entspannendste, was man sich vorstellen kann, natürlich nur bei schönem Wetter, aber das zu jeder Jahreszeit. Morgens am Strandvägen das Boot nach Vaxholm besteigen und langsam lostuckern, die Welt an sich vorbeiziehen sehen, die wirklich so schön ist wie im Film bei Inga Lindström. Zu essen und zu trinken gibt es ausreichend an Bord und nach einem kurzen Aufenthalt in der ›Hauptstadt der äußeren Schären‹ Vaxholm geht's mit dem nächsten Schiff zurück im milden Abendlicht – wunderbar! Alternativ: Sjövägen, die SL-Fährlinie nach Nacka (▶ S. 113).

Immer mit der Ruhe
Stand-Up-Paddeln
Einen Stand-Up-Paddelkurs im ruhigen Wasser von Kungsholmen für Anfänger im SUP bietet der Surfshop Surfbussen (B 4). Auf eigene Faust lospaddeln geht auch, neben dem Tanto-Strandbad (C 8) leiht man sich die Ausrüstung dafür (auch Kajaks). Für Fortgeschrittene: SUP-Yoga.

Surfbussen (Surfladen): Kungsholms Strand 181, www.surfbussen.nu, Anfängerkurs 250 SEK; TantoSUP och kajak: http://tantosok.se, 200 SEK/1 Std.

Von der Sauna direkt ins Meer
Saltsjöbadens Friluftsbad Karte 4
Das Badehaus vom Anfang des 20. Jh. in dem Kurort südöstlich von Stockholm steht unter Denkmalschutz, Relikt der Badekultur früherer Zeiten. Die ist höchst lebendig und belebend: Abkühlung von der Sauna im frischen Ostseewasser – für Damen und Herren getrennt.

Torben Gruts väg, 13322 Saltsjöbaden, Saltsjöbanan ab Slussen (bis 2020 ab Henriksdal per Bus), www.saltisbadet.se, Mitte Mai–Mitte Sept. tgl. 8.30–18 Uhr, 70 SEK inkl. Sauna

In fremden Betten

ZUM SELBST ENTDECKEN

Wie kann ich sparen?
Viele Businesshotels bieten an den Wochenenden *(helg)* sowie in den Ferien auch an Werktagen Sonderpreise. Es lohnt sich, im Februar auf Angebote für die Sportferien *(sportlov)* zu achten und Ende Juni bis Mitte August die *sommarpris-* bzw. *helgpris*-Angebote auf den Hotel-Websites zu studieren.

Bed & Breakfast: Die Idee von Airbnb ist nicht neu – in Stockholm gibt es schon seit Jahrzehnten Privatleute, die Gästen ein Zimmer mit Frühstück vermieten, und Agenturen, die diese vermitteln z.B. www.stockholmguesthouse.com; zunehmend werden auch Apartments für Selbstversorger angeboten (ab ca. 800 SEK/DZ, 540 SEK/EZ, Mindestbuchung: 3 Nächte). Üblich ist es, etwa 20 % an die Agentur vorauszubezahlen und den vollen Preis erst nach Ankunft direkt bei den Gastgebern.

Koje oder Himmelbett?

An originellen Unterkunftsmöglichkeiten herrscht kein Mangel in der schwedischen Hauptstadt: Wer in einer früheren Gefängniszelle oder in einer Militärkaserne mit Designausstattung nächtigen, auf einem Schiff den glucksenden Wellen lauschen möchte – Stockholm hat alles.

Stockholm ist eine gefragte Konferenzdestination und verfügt über etliche Großhotels. Falls aber gerade kein Kongress und keine Messe läuft, kann man mit etwas Glück Zimmer zu Schnäppchenpreisen ergattern. Einige große Kettenhotels bieten Frühbuchern und terminlich flexiblen Reisenden große Sparmöglichkeiten bei Onlinebuchung. Schicke Designhotels und noble Adressen sind zwar weniger großzügig in der Preisgestaltung, aber ein Erlebnis für sich, das man sich vielleicht auch einmal leisten kann.

Alternative für Sparsame sind Hostels und Jugendherbergen *(vandrarhem)*, viele in originellen Locations, wie einem ausrangierten Segelschiff oder ehemaligen Gefängnis. Die dem Internationalen Jugendherbergsverband IYHF angeschlossenen Häuser von Svenska Turistforeningen (STF, www.svenskaturistforeningen.se) gewähren DJH-Mitgliedern Rabatt. In den meisten Hostels kosten Bettwäsche und Frühstück extra. Das gilt auch für kleinere Hostels und Budgethotels. Wer im Mehrbettzimmer schläft und keinen Wert auf ein eigenes Bad legt, kommt am günstigsten weg.

Segelt nicht mehr und ist schnell ausgebucht: das Jugendherbergsschiff ›af Chapman‹.

In fremden Betten

HOSTELS, BUDGETHOTELS

Segelschiffromantik
STF Vandrarhem af Chapman Karte 2, G 6

Vor der einstigen Marinekaserne auf Skeppsholmen liegt Stockholms schönste schwimmende Jugendherberge. Eine unvergleichliche maritime Atmosphäre bietet das schmucke ehemalige Schulschiff ›af Chapman‹ (1888) am Kai, eins der Wahrzeichen der Stadt und – inzwischen mehrfach renoviert – die beliebteste Budgetunterkunft der Stadt mit vorwiegend Mehrbettkajüten. Auch das Sommercafé an Bord ist einen Besuch wert.

Flaggmansvägen 8, Skeppsholmen, T 08 463 22 80, www.stfchapman.com, T-Kungsträdgården, Bus 65, TZ 800 SEK, Bett in Mehrbettkajüte 345 SEK (ohne Frühstück und Bettwäsche, Rabatt für DJH-Mitglieder)

Versteckte Idylle
STF Vandrarhem Zinkensdamm D 8

Am Rand der Schrebergartenanlage Tantolunden und nicht weit vom Tanto strandbad, in Sichtweite der Hochhäuser an der Hornsgatan stehen auf mehrere Gebäude verteilt 490 Betten in Zwei- bis Vierbettzimmern zur Verfügung sowie Restaurant, Sauna, Fahrradverleih. Einige große Luxuszimmer verfügen über eigene Dusche/WC und Fernsehen.

Zinkens väg 20, Södermalm, T 08 616 81 00, www.zinkensdamm.com, T-Zinkensdamm oder T-Hornstull, Bus 4, EZ 510 SEK, DZ 640 SEK, Bett ab 285 SEK/Person (ohne Frühstück und Bettwäsche, Rabatt für DJH-Mitglieder)

Schwedische Gardinen
STF Vandrarhem / Hotel Långholmen B 7

Das 1975 stillgelegte Gefängnis bietet Unterkunft in Ein- bis Vierbettzellen mit einfachem Standard (Etagenbetten), einige mit Dusche/WC. Die Alternative: 89 komfortable Einzel- und Doppelzimmer mit Hotelstandard im Långholmens Hotell, bequem möbliert und mit Fernsehen und Telefon sowie Dusche/WC.

Übrigens: zum Frühstück gibt's nicht nur Wasser und Brot!

Långholmsmuren 20, Långholmen, T 08 720 85 00, www.langholmen.com, Bus 4 (400 m Fußweg), Einzel-/Doppelzelle mit Dusche/WC ab 650/810 SEK, in der Mehrbettzelle 290 SEK/Person (ohne Frühstück und Bettwäsche, Rabatt für DJH-Mitglieder), alternativ im Dreisternehotel: EZ 1040–1540 SEK, DZ 1545–2195 SEK

Budgethotel mit Atmosphäre
Castanea Hostel Karte 2, F 6

Das Altstadthaus in idyllischer Lage an dem kleinen, mit alten Kastanien begrünten Innenhof Brända tomten bezaubert sofort. Im altmodischen Aufzug mit Scherengitter fahren Gäste in den 2. Stock; die Zimmer verteilen sich über zwei Etagen. Ideal für Familien sind die großzügigen 4-Bett-Zimmer, die neun Doppelzimmer sind dagegen richtig eng – nur für Leute, die sich mögen … Frühstück kann man in der Gästeküche selbst bereiten oder in ein Altstadtcafé ausweichen.

Kindstugatan 1, Gamla stan, T 08 22 35 51, www.castaneahostel.com, T-Gamla stan, Bus 2 oder 3, Bett im Schlafsaal 325 SEK, DZ ab 770 SEK je nach Saison (ohne Frühstück und Bettwäsche)

Für Entdecker in Kungsholmen
City Hostel D 5

Ideal für Expeditionen im noch unentdeckten Stadtteil Kungsholmen. Im Souterrain eines Hauses und sehr verkehrsgünstig liegt die erst vor wenigen Jahren zum Hostel umgebaute Unterkunft – die Zimmer sind hell, aber ohne Tageslicht, doch das schöne Design und der günstige Preis lassen das schnell vergessen. Mindestalter 18 Jahre.

Fleminggatan 19 (Kreuzung Scheelegatan), T 08 410 038 30, www.cityhostel.se, T-Rådhuset, EZ 495 SEK, DZ 680 SEK, Laken inkl., Handtuch 20 SEK

Szeneviertel in Reichweite
Skanstulls Hostel außerhalb F 8

Zwar haben die preiswerten Zimmer keine Fenster, aber welchen Nachtschwärmer stört das? Die Lage ist das große Plus dieses Hostels, verkehrsgünstig und in Laufweite zu den Szene-Hotspots auf

In fremden Betten

Söder: Hornstulls strand einerseits und SoFo andererseits.
Ringvägen 135, Södermalm, T 08 643 02 04, www.skanstulls.se, T-Skanstull, EZ/Mini-DZ 540 SEK, DZ mit Dusche/WC ab 730 SEK, ab 185 SEK/Bett im Mehrbettzimmer (ohne Frühstück und Bettwäsche)

Treff für Rucksackreisende
City Backpackers 🏠 E 4
In dem Eckhaus von 1897 in zentraler Lage nicht weit von Bahnhof und Busterminal treffen sich unkompliziert Reisende mit oder ohne Rucksack aus aller Welt. Alle Zimmer haben Etagenbetten, Dusche und WC sind gemeinsam. Neben unterschiedlich großen Schlafsälen (4–12 Betten) gibt es auch kleinere Zimmer mit zwei bis vier Betten sowie Apartments für 6 Personen. In der Nomad Bar nebenan wird abends Livejazz geboten. Hungrige Gäste finden auf der Speisekarte den Sattmacher schlechthin: Fleischklößchen *(köttbullar)* mit Kartoffelpüree, ebenso vegetarische Alternativen.
Upplandsgatan 2A, T 08 20 69 20, www.citybackpackers.org, Bus 50 und 61, Bett im Schlafsaal ab ca. 200 SEK

.... DESIGN- UND BOUTIQUEHOTELS ....

Design zum guten Preis
Motel L 🏠 außerhalb J 8
Der moderne, nach Öko-Standards errichtete Glasbau liegt im neuen Stadtteil Hammarby Sjöstad im Süden Stockholms. Die kompakten Zimmer sind durchdacht und zweckorientiert eingerichtet, es gibt eine große Lounge und Fitnessraum für Gäste. Schick und farbenfroh das Interieur mit Tapeten und Stoffen der Innendesignerin Lisa Bengtsson.
Hammarby allé 41, Hammarby Sjöstad, T 08 40 90 26 00, www.motel-l.se, Tvärbana bis Mårtensdal, EZ/DZ mit Frühstück 725 SEK, Familienzimmer 950 SEK

Kühle Eleganz, tolle Lage
Skeppsholmen 🏠 G 6
Hier zu übernachten ist ein Erlebnis für sich, das man richtig genießen kann. Die militärische Vergangenheit als Kaserne gerät schnell in Vergessenheit angesichts der absolut wunderbaren Spitzenlage auf der schönen Insel Skeppsholmen – mitten in der Stadt und doch herrlich abgeschieden. Die historischen Gebäude aus dem 18. Jh. bieten die passende Szenerie für minimalistisches Design, vom einfallsreich inszenierten Bad bis zur superbequemen Schlafstatt – alles berückend schlicht, aber stilvoll. Sehr gutes Frühstück mit Öko-Zutaten und veganem Angebot.
Gröna Gangen 1, Skeppsholmen, T 08 407 23 00, www.hotelskeppsholmen.se, Bus 65, EZ/DZ ab 1790 SEK

Im Trendviertel
BestWestern NoFo 🏠 F 7/8
Ein stiller Innenhof zwischen historischen Gebäuden einer früheren Brauerei von 1780 wird bei schönem Wetter zum Frühstücksraum; die ruhige Lage im nördlichen Teil des Trendviertels Södermalm (nördlich der Folkungagata als ›NoFo‹ bezeichnet) ist ideal für Erkundungen. Stilvoll und individuell im Boutiquestil eingerichtete Zimmer sorgen fürs Wohlbefinden der internationalen Gästeschar des Großstadthotels, dem eine Renovierung 2018 zu noch mehr Schick verhalf.
Tjärhovsgatan 11, Södermalm, T 08 50 31 12 00, www.nofohotel.se, Bus 2, 3, DZ ab 1795 SEK

(Fast) am Meer
Hotel J 🏠 außerhalb J 8
Das schicke 4-Sterne-Hotel in Nacka liegt wunderbar auf den Klippen Richtung Schären. Die hellen Zimmer im Newport-Stil der US-Ostküste sind großzügig geschnitten (22–37 m^2). Viele der 158 Zimmer haben Aussicht aufs Wasser und

Design in historischen Mauern: Skeppsholmen Hotel

In fremden Betten

Die Bar im Story Hotel mögen nicht nur die Übernachtungsgäste.

die Ausstattung im neuesten Design ist makellos. Die Innenstadt ist gut zu erreichen, und zwar übers Wasser: per Fähre (ganzjährig, Linienverkehr).

Ellensviksvägen 1, 131 28 Nacka Strand, T 08 601 30 00, www.hotelj.com, Bus 443 oder SL-Fähre, 1350–2500 SEK

Für Popfans mit Hang zum Luxus
Rival 🏠 E 7

Das 2004 in einem Bau der 1930er-Jahre eröffnete Hotel liegt ruhig im ansonsten quirligen Stadtteil Södermalm und erfüllt hohe Ansprüche an Individualität und Komfort – ein Boutique-Hotel mit 99 Zimmern, in dem Fans der Seventies-Pop-Kultur genau richtig liegen: Zwar wird man Ex-ABBA-Star und Hotelbesitzer Benny Andersson wohl nicht persönlich antreffen, aber auf beste Multimedia-Ausstattung der Zimmer wurde ebenso geachtet wie auf gute Betten. Restaurant, Café und Bäckerei, Kinosaal und Konzertbühne für diverse Events im Haus.

Mariatorget 3, Södermalm, T 08 54 57 89 00, www.rival.se, T-Mariatorget, EZ ab 1275 SEK, DZ ca. 1500 SEK (Standardzimmer)

Kunst und Luxus zentral
Clarion Hotel Sign 🏠 D 4

Ein Designhotel des Architekten Gert Wingårdh ist zugleich höchst elegant und ziemlich gemütlich. Die Wellnessetage im Dachgeschoss und den Außenpool auf dem Dach können Gäste ebenso nutzen wie die vielen Annehmlichkeiten eines großen Hotels; die zentrale Lage ist ideal und die tollen Panoramablicke sind kaum zu toppen. Luxus, der sich lohnt.

Östra Järnvägsgatan 35, Norrmalm, T 08 676 98 00, http://clarionhotelsign stockholm.h-rez.com, T-Centralen, DZ ca. 1500 SEK

Individuell und witzig
Story Hotel 🏠 F 4

In Größe und Stil sehr individuelle Zimmer, von mini (11,5 m^2) für 1390 SEK bis zur Suite (93 m^2) in der Dachetage mit Platz und Ruhe in ›The Attic‹ für bis zu drei Personen (3390 SEK) reicht die Bandbreite. Das Hotel knüpft an großstädtische Künstlerhotels wie in New York an, jedes der elf Zimmer ist anders und alle erzählen eine Geschichte. Auch viele auswärtige Gäste kommen in die schöne Hotelbar, ein guter Ausgangspunkt für die Erkundung des Nachtlebens am Stureplan. Hotelgäste erhalten Rabatt beim Wellnessbad Sturebadet, das gleich um die Ecke liegt.

Riddargatan 6, Östermalm, T 08 54 50 39 40, www.storyhotels.com, T-Östermalmstorg, Bus 2, DZ 1000–2000 SEK

Satt & glücklich

Probieren geht über studieren

Die Stockholmer gehen gerne zum Essen aus, sie sind ein kritisches Publikum, aber auch neuen Trends gegenüber offen. Insgesamt zählt Stockholm ca. 1500 Restaurants – und die Hauptstadtgastronomie ist stets in Bewegung.

In den meisten Hotels wird ein überbordendes Frühstücksbuffet geboten. Manchmal gibt es neben Müsli, gekochten Eiern, Wurst, Käse und frischem Obst auch süß eingelegte Heringe. Typisch schwedisch sind gesüßtes, gewürztes dunkles Brot sowie Knäckebrot – lecker mit Frischkäse und Dorschrogenpaste.

Zum Mittagessen *(lunch)* zwischen 11.30/12 und 14 oder 14.30 Uhr bieten viele Cafés und Restaurants ein günstiges Tagesgericht *(dagens rätt)*. Im Preis inbegriffen sind meist Brot, Salat vom Buffet und Leitungswasser (auch mit Saft oder Früchten aromatisiert) sowie am Schluss eine Tasse Kaffee/Tee. Das Abendessen heißt verwirrenderweise *middag*, in der Regel ein mehrgängiges Menü – ein teures Vergnügen, erst recht, wenn man dazu Wein trinkt.

Alkoholische Getränke werden in Schweden hoch besteuert. Eine Flasche Wein zum Essen kostet ab etwa 400 SEK, häufig wird Wein auch glasweise ausgeschenkt, dann zahlt man ab etwa 70 SEK. Übrigens: Leitungswasser *(bordsvatten)* wird überall kostenlos zum Essen angeboten.

ZUM SELBST ENTDECKEN

Die Viertel mit der höchsten Restaurantdichte sind **Östermalm,** mit einem eher gutbetuchten Publikum und Fisch/Meeresfrüchten auf den Tellern, **Gamla stan** mit breitgefächertem Angebot von Touristenlokalen bis zu Klassikern mit sehr guter Küche, die bei Geschäftsessen gern frequentiert werden, des historischen Ambientes wegen.

In **Södermalm** reihen sich im Szeneviertel SoFo die Restaurants und Cafés vor allem an der Katarina bangata entlang und um Nytorget, weitere Hotspots auf Söder sind Hornstull und Mariatorget.

In Stockholms Norden, in **Vasastan,** sind Roslagsgatan und Rörstrandsgatan sehr beliebt zum Essengehen. Hier kochen fantasievolle Küchenchefs und die Preise sind (noch) günstig.

Cappuccino und Zimtschnecken gibt's in Stockhholm an fast jeder Ecke.

Satt & glücklich

SO BEGINNT EIN GUTER TAG IN STOCKHOLM

Retro-Charme am Vasapark
Café Ritorno 🕐 C/D 3
In diesem Café scheint die Zeit in den 1940er-Jahren stehengeblieben – gäbe es da nicht junge Leute mit Laptop und die geschäftige Odengatan, über die der Blick auf den Vasaparken gegenüber reicht. Im Ritorno kann man Zeitung lesen, gemütlich Kaffee trinken und dazu vorzügliches Gebäck verzehren – die Konditorei gehört zu den besten der Stadt. Das große Plus dieses Cafés sind die Tische auf der beliebten ›Flaniermeile‹ Odengatan.
Odengatan 80, Vasastan, T 08 32 01 06, www.ritorno.se, T-Odenplan, Bus 4, Mo–Fr 9–22, Sa 9–18, So 10–18 Uhr

Urige Enge
Sturekatten 🕐 F 4
Eine steile Wendeltreppe führt von dem unscheinbaren Eingang in die sehr beliebte und gute Café-Konditorei. Auf zwei Etagen verteilt laden niedrige Stübchen mit krummen Wänden und gemütlich altmodischen Sofas, weichen Teppichen und Topfblumen an den Fenstern zum Verweilen. Ein plüschiges Idyll, in dem es schnell eng werden kann.
Riddargatan 4, Östermalm, T 08 611 16 12, T-Östermalmstorg, Bus 1, 2, 55, Mo–Fr 8–20, Sa 9–17, So 12–17 Uhr

Klassisches Café
Vete-Katten 🕐 E 4/5
Eine richtig gute, traditionsreiche Bäckerei fürs Frühstück, aber auch für das kleine Mittagessen (*paj* und Pasta um 100 SEK) sowie den Nachmittagskaffee mit besten Torten, Kuchen und verführerischen Süßigkeiten – ideal für die Kaffeepause oder die kleine Zwischenmahlzeit. Brotladen mit großer Auswahl zum Mitnehmen.
Kungsgatan 55, Norrmalm, T 08 20 84 05, www.vetekatten.se, T-Hötorget, Bus 1, Mo–Fr 7.30–20, Sa 9.30–17 Uhr

Nettes Bäckerei-Café
Haga Tårtcompani & Bageri 🕐 B 4
In der Bäckereifiliale des Tortenbäckers bekommt man leckere Brötchen und vorzügliches Gebäck, ein kleines Café mit nur ein paar Tischen lädt zu einer Pause bei einer Tasse wohlduftenden Tees oder auch Kaffees.
Fleminggatan 107, Kungsholmen, www.hagabageri.se, Mo–Fr 7–18, Sa 8–16 Uhr, So geschl.

Pariser Flair en miniature
Café Eclair 🕐 D 7
Wenn man von der verkehrsreichen Hornsgatan das 1949 eröffnete Café betritt, wird man entführt ins Paris um 1900: Art-deco-Lettern, eine wunderschöne illuminierte Buntglaskuppel, ein paar Cafétischchen – alles in einem winzigen Raum, gebacken wird mit ökologischem KRAV-Mehl), u.a. leckeres Wienerbröd, hervorragender Kaffee.
Hornsgatan 104 (Nähe Ringvägen), http://eclair.se, Mo–Fr 8.30–18, Sa bis16 Uhr

Wo Kaffee Kult ist
Johan & Nyström 🕐 E 7
Als Kaffeebar und Concept Store des Rösters und höchst erfolgreichen jungen Kaffeelabels hat sich der Laden zu einem Mekka für Kaffee-Kenner entwickelt, die hier verschiedene Sorten und Mixturen durchprobieren können. Inzwischen gibt es mehrere Ableger, u.a. am Odenplan. Es werden auch Kurse zur Weiterbildung von Connaisseuren abgehalten.
Swedenborgsgatan 7, T 08 702 20 40, http://johanochnystrom.se, Mo–Fr 7–19, Sa 9–18, So 10–17 Uhr

Café mit literarischem Ruhm
Mellqvists Kaffe & Bar 🕐 E 7
Fans von Stieg Larssons Millennium-Trilogie werden es nicht versäumen das Stammlokal des Helden, des Enthüllungsjournalisten Mikael Blomqvist, aus den Romanen des 2000 verstorbenen Autors zu besuchen. Die Filiale in der Rörstrandsgatan ist eine populäre Anlaufstelle für den Morgenkaffee und zum Frühstück. Mellqvist serviert beste Bohne und ist immer gut für eine Pause.

91

Satt & glücklich

KAFFEE ÜBER ALLES

Die Schweden sind leidenschaftliche Kaffeetrinker – weltweit liegen sie auf Platz zwei im Kaffeeverbrauch. Dementsprechend ist die Auswahl an Kaffeesorten bzw. -zubereitungen überwältigend, und Cafés gibt es an beinahe jeder Straßenecke. Natürlich ist auch die ›Latte-Revolution‹ nicht spurlos an Schweden vorübergegangen, die Vielfalt ist unüberschaubar. Der ›normale‹ Brühkaffee *(bryggkaffe)* wird in vielen Cafés und Restaurants nachgeschenkt *(med påtår)* bzw. man bedient sich selbst am Buffet mit einer Extra-Tasse. *Kaffe med dopp* bezeichnet etwas Süßes dazu, wobei die Kekse trotz des Namens nicht in den Kaffee getaucht werden *(dopp)* … Zimtschnecken *(kanelbullar)*, Blätterteigteilchen *(wienerbröd)* und anderes Gebäck gehören natürlich auch auf den Kaffeetisch.

Bysistorget 6 (abseits Hornsgatan 78), Södermalm T-Mariatorget, Mo–Fr 7–18, Sa/So 9–18 Uhr; Rörstrandsgatan 4, Vasastan, T-Sankt Eriksplan, Bus 3, 4, Mo–Fr 6–19, Sa 9.30–17 Uhr, warme Gerichte 125 SEK, opulente Salate 135 SEK

Klein, aber oho
Kafé Esaias 〰 E 4
Das winzige Lokal ist Anlaufpunkt für Frühstückshungrige und auch zum Lunch eine gute Adresse (um 100 SEK). Der Kaffee ist ausgezeichnet, sehr italienisch und kommt aus einer Rösterei in Göteborg. Leckere Smoothies gibt es auch.

Drottninggatan 102, http://kafeesaias.se, T-Rådmansgatan, Mo–Fr 7.30–17, Sa, So 9–17 Uhr, Sandwiches und Suppen ab 69 SEK, Frühstück 65–100 SEK

Kaffee, aber nicht nur …
Non Solo Bar 〰 C 4
Ob am Odenplan oder am Sankt Eriksplan, die Bar ist eigentlich genauso gut und populär fürs Frühstück wie fürs Entspannen zu jeder Tageszeit bei einer guten Tasse Kaffee, dazu gibt es Lunch-Gerichte der italienischen Küche, die niemanden kalt und hungrig lassen.

Odengatan 34 und Rörstrandsgatan 4 (Sankt Eriksplan), www.nonsolobar.se, T-Odenplan bzw. T-Sankt Eriksplan, Mo–Fr 7–21, Sa/So 9–20 Uhr

Café mit Asia-Touch
Tårtan 〰 E/F 7
Zwischen den Kunstgalerien auf dem ›Buckel‹ der Hornsgatan gegenüber der Maria Magdalena kyrka fällt das kleine Café kaum auf. Ob zum Frühstück (8–11 Uhr) mit leckerem Joghurt, frisch gepresstem Saft, Biobrot und Kaffee oder feinem Tee aus dem eigenen Teehandel oder zum Lunch (Mo–Fr 11–14 Uhr), vielleicht auch zum Nachmittagskaffee, es ist eine gute Idee, hier eine Zwischenstation einzulegen. Aus der Küche kommt vor allem Vegetarisches, aber auch Lachs oder Hühnchen und kreativ zubereitete Salate mit Asia-Touch. Nur fette Sahnetorten *(tårta)* – die gibt's hier nicht …

Hornsgatan 32 (Hornsgatspuckeln), Södermalm, T 08 641 79 00, T-Slussen, Mo–Fr 8–18, Sa 9–17, So 10–17 Uhr

INSTITUTIONEN UND SZENETREFFS

Erstklassige Backwaren
Flickorna Helin & Voltaire 〰 H 5
Die ›Mädels‹ (flickorna) heißen Susanne Helin (Bäckerin) und Lotta Voltaire (Kochbuchautorin). Das Ausflugslokal in dem kuriosen Skånska-Gruvan-Haus, das 1897 als Teil der Stockholmer Ausstellung errichtet wurde, bietet von der Terrasse einen herrlichen Blick auf das Wasser von Djurgårdsbrunnsviken – im Winter sitzt man gemütlich am offenen Kamin wie in einer warmen Grotte. Serviert werden zu dem herrlichen Brot aus eigener Bäckerei Suppen, kleinere Gerichte und feine Kuchen.

Rosendalsvägen 14, Djurgården, T 08 664 51 08, www.helinvoltaire.com, Straßenbahn, Mo–Sa 9–17, So 10–17 Uhr (im Sommer länger), Gerichte um 100 SEK, Suppe 76 SEK

Satt & glücklich

Öko-Frikadellen für alle
Kalf & Hansen 🔘 E 7
Ein kleines Ecklokal an der Hornsgatan-Seite des Mariatorget mit ungefähr acht Plätzen drinnen und doppelt so vielen draußen. Das Konzept ist so einfach wie raffiniert: wenige Zutaten, gute Qualität der Ausgangsprodukte, leckere Präsentation. Es geht um Frikadellen (*bullar*). Die Bällchen, wahlweise aus Fisch, Fleisch oder vegetarischen/veganen Zutaten, gibt es mit Gemüse und Sauce, eine normalgroße Portion für 110 SEK, 2/3 Portion 85 SEK. Die Zutaten stammen aus Öko-Anbau, das Fleisch von ausgewählten Bio-Höfen mit Herkunftsbezeichnung.
Mariatorget 2, T 08 551 531 51, www.kalfoch hansen.se, Mo–Fr 10–20, Sa 11–20, So 11–18 Uhr

Schwedische Bistroküche
Uffe o Lottas 🔘 D 5
Das winzige Lokal auf der rechten (nördlichen) Seite von Rådhuset ist zur Mittagszeit schnell bis auf den letzten Platz gefüllt, auch die Tische draußen auf dem Trottoir sind begehrt. Das Essen ist vorzüglich und das Angebot wechselt täglich – nicht nur, aber auch leckere Suppen. Die vielversprechende Karte listet schwedische Klassiker modern verfeinert: Fleischklößchen (*köttbullar*) ab 189 SEK. Probieren Sie den Fischeintopf (*fiskgryta*, 195 SEK).
Kungsholmgsgatan 26, Kungsholmen, T 08 33 08 20, www.uffeolottas.se, Mo–Do 11–21, Fr 11–22, Sa 12–21 Uhr

Fisch und Meeresfrüchte am Kanal
Restaurang Göteborg 🔘 außerhalb J 8
Die Stockholmer Außenstelle der Konkurrenzstadt im Westen, Göteborg, direkt am Wasser des Sickla kanal zieht vor allem an schönen Sommerabenden jede Menge Publikum an. Dann ist die große Holzveranda voller Hauptstädter, die hier das entspannte Lebensgefühl der schwedischen Westküste genießen, vor allem aber deren Küche. Auf der Karte also viel Fisch und Schalentiere, wie Toast Skagen. Besonders beliebt ist der Wochenend-Brunch (Sa/So 12–17 Uhr) mit günstigen Gerichten 100–150 SEK.
Midskeppsgatan 3, Hammarby Sjöstad, http://restauranggoteborg.se, Fr–So ab 11.30/12, Mo–Do ab 17 Uhr. Vorspeise ab 98 SEK, Hauptgerichte von Cheeseburger bis Steak 175–265 SEK

Authentisch vietnamesisch
Minh Mat 🔘 C 3
In seinem ›Bistro Vietnam‹ kreiert Küchenchef und Kochbuchautor Minh Du Alneng höchst authentische und sehr leckere Gerichte aus seinem Heimatland – scharfe Speisen sind auch dabei. Das kleine Lokal ist oft gut besucht – die Tische auf der Odengatan mit Blick auf den Vasapark sind schön zum Draußensitzen. Tipp: Mehrere Personen teilen sich ein halbes Dutzend Gerichte, um möglichst viel probieren zu können …
Odengatan 94, Vasastan, T 08 30 32 32, www.minhmat.se, T-Odenplan, Bus 4, Gerichte von klein /in Tapas-Art um 100 SEK, Empfehlung: zwei nehmen) über mittel (um 130 SEK) bis groß (um 200 SEK), Mo–Fr 11–14, 17–22.30, Sa 14–22.30 Uhr, So geschl.

Indisch im Trend
Vurma 🔘 B 7/8
Eine ganze Reihe indischer Restaurants betreibt die Vurma-Kette in Stockholm. Die Szene-Cafés mit dem indischen Outfit – blumige Deko in Kitschfarben, die passende Musik und relaxte Atmosphäre lassen alte und junge Hippies schwelgen. Ein besonders schön gelegenes Vurma findet sich an Hornstulls strand mit Blick aufs Wasser und hinüber nach Liljeholmen; gelegentlich kommt ein Segelboot vorbei oder am anderen Ufer löscht ein Lastkahn seine Fracht.
Bergsunds strand 31, Södermalm, T 08 2669 09 60, www.vurma.se, T-Hornstull, tgl. 9–19 Uhr

Kultur-Café
Café Blå Porten 🔘 H 6
Am schönsten ist der windgeschützte mediterran inspirierte Innenhof neben der Kunsthalle, aber auch die hellen hohen Räume des an Liljevalchs konsthall grenzenden Gebäudes sind ein ruhiger Ort für eine Pause. Die gute Küche ist

Satt & glücklich

Rösten selbst, und zwar beste Bohnen aus Afrika: Johan & Nyström.

legendär, deshalb wird die nach umfassender Renovierung des Gebäudes im Frühjahr 2019 geplante Wiedereröffnung des Lokals auf Djurgården bei Genießern und Kunstfreunden sehnlich erwartet.

Djurgårdsvägen 64 (neben Liljevalchs Konsthall), Djurgården, T 08 663 87 59, www.blaporten. com, Straßenbahn, die Öffnungszeiten nach der Wiedereröffnung 2019 standen bei Redaktionsschluss noch nicht fest

Einfallsreiche Crossover-Küche
Spisa hos Helena D 5
Beliebt und vor allem zum Lunch meist gut besucht ist das Restaurant gegenüber dem Gerichtsgebäude im gastronomisch noch eher ›unterbelichteten‹ Kungsholmen mit der in warmem Rot gehaltenen Bar. Die kreative schwedische Küche mit Fernost- und Mittelmeer-Einschlag von Lena Nygårds und Helene Jansson besticht durch Raffinesse und Vielfalt, von klassischem Roastbeef oder Wallenbergare mit Preiselbeeren und Kartoffelbrei bis zum Scampi-Wok mit Thai-Curry in Kokosmilch. Dazu ausgesuchte Weine – die feinste Ausgehadresse in Kungsholmen.

Scheelegatan 18, Kungsholmen, T 08 654 49 26, www.spisahoshelena.se, T-Rådhuset, Bus 40 und 69, Lunch (Mo–Fr 11–14.30 Uhr) 100–110 SEK, abends 16–23 Uhr, Hauptgerichte 185–285 SEK

Pasta- und Pizza ganz klassisch
Ciao Ciao Grande G 4
Hauchdünne Pizzen in riesiger Auswahl und großer Vielfalt – vegetarisch, Fisch oder Fleisch, der üppige Belag ist so vielfältig, dass die Wahl sehr sehr schwer fällt. Wie bei der Pizza kann man auch bei den Pastagerichten glutenfreie, sogar Dinkelteigvarianten ordern. Klassisch italienisch gibt es hier natürlich auch – Antipasti, Salate, Secondi und Dolci stehen auf der Karte für das mehrgängige Menü. Mittags zum Lunch gibt es jeweils drei Tagesgerichte zur Auswahl. Große Weinliste. Authentische italienische Küche. Das Lokal ist sehr beliebt auch bei Familien mit Kindern – am Wochenende ist es ratsam, einen Tisch vorzubestellen.

Storgatan 11, Östermalm, T 08 667 64 20, www.ciaociaogrande.com, T-Östermalmstorg, Mo–Do 11–22, Fr 11–22.30, Sa 12–22.30, So 12–22 Uhr, Pizza ab 159 SEK, Pasta 145–245 SEK, Hauptgerichte ab 190 SEK

Suppenküche zum Durchheizen
Sibiriens Soppkök E 2
Das Lokal im winzigen Souterrain hat nur wenige Tische. Die kräftigen Suppen nach Rezepten aus den Küchen der Welt heizen in Stockholms Sibirien zu jeder Jahreszeit richtig durch. Außerdem kann man sich an einer guten Auswahl schwedischer

Satt & glücklich

Biere und an Wein erwärmen. Ein beliebter Treff, also frühzeitig kommen.

Roslagsgatan 25, Ecke Frjegatan, www.sibiriens oppkok.se, Mo–Fr 10–22, Sa 12–22, So 12–16 Uhr (Brunch), Suppen ca. 110–160 SEK

Genießen auf Italienisch
Döden i grytan 🍴 D 2
Der ›Tod im Kochtopf‹ (Döden i grytan) bringt authentische italienische Küche in Form von Steak, Kaninchen, Hühnchen und andere fleischliche Köstlichkeiten auf den Teller. Köstlichste Beilage: Patate frittate, also Pommes frites auf Italienisch, mit einem Hauch von geriebenem Parmesan zubereitet. Ausgezeichnete Desserts runden das Menü ab, zu empfehlen ist z. B. das Semifreddo oder Savoiardi (80 bzw. 85 SEK). Tischreservierung ratsam! Ach ja, Pizza gibt's auch … (99–139 SEK).

Norrtullsgatan 61, Vasastan, T 08 32 50 95, www.visomkanmat.se, T-Odenplan, Bus 2, Mo–Sa 17.30–0 Uhr (Küche bis 23), So 17.30–22 Uhr, Hauptgerichte (Secondi) 195–295 SEK, Wein (Glas) ab 100 SEK

Idylle im Grünen mit Musik
Lasse i Parken 🍴 C 7
Besonders schön an lauen Sommerabenden: Das idyllisch gelegene Café in einem kleinen historischen Holzhaus liegt versteckt in einem Park nahe der Brücke Västerbron, kleine Gerichte gibt es Kaffee und Kuchen den ganzen Tag über, abends wird der Grill angeworfen und auf den Teller kommen z. B. Hamburger oder Halloumi-Burger (175/195 SEK). Für den großen Hunger gibt es Hausmannskost (Hauptgerichte ab ca. 200 SEK). Im Sommer auch Lunch Mo–Fr 11–14.30 Uhr. Abends mehrmals pro Woche Livemusik.

Högalidsgatan 56, Södermalm, T 08 638 33 95, www.lasseiparken.se, T-Hornstull, Bus 4, Juni–Aug. Mo–Sa 11–20,/21 So 11–17, sonst nur bis 18/20 Uhr, Okt.–März nur Sa/So 11–17 Uhr

Nordische Küche
Oaxen slip & krog 🍴 H 6
Berühmt und hochdekoriert für seine hervorragende Küche wurde das Restaurant bereits, als es noch auf der gleichnamigen Schäreninsel weit vor Stockholms Toren lag. Das Lokal auf Djurgården lockt mit Fisch (ab 170 SEK) und Meeresfrüchten sowie Fleischgerichten (um 200 SEK) aus der Region und ökologisch produziert.

Beckholmsvägen 26, Djurgården, T 08 55 15 31 05, www.oaxen.com/Slip, Straßenbahn, Mitte Juni–Aug. tgl. 12–20, sonst Di–Fr 12–14, Sa/So 12–17 sowie tgl. ab 18 Uhr

Herrliche Lage am Wasser
Djurgårdsbrons Sjöcafé 🍴 H 5
Hier sitzt man in der ersten Reihe, mit Blick übers Wasser auf die stattlichen Jahrhundertwendepaläste am Strandvägen. Mittags günstiges Tagesgericht der modernen schwedischen Hausmannskost aus frischen Zutaten (Mo–Fr, ab 115 SEK), ganztägig Pizza (ca. 100–150 SEK). Auf diese Weise gestärkt, kann man sich ein Kanu leihen und lospaddeln oder ein Fahrrad mieten, um Djurgården zu erradeln.

Djurgårdsbron, Djurgården, T 08 661 44 88, www.sjocafeet.se, Straßenbahn, ganzjährig tgl. 8–20 Uhr

....

VEGETARISCH UND VEGAN

....

Gemütlich in der Altstadt
Hermitage 🍴 Karte 2, F 6
So gut versteckt in der Altstadt zwischen Gåsgränd und Ignatiigränd das Vegetarier-Lokal auch liegt, es lockt auch internationales Publikum. Das Büffet ist reichlich; das Kuchenangebot verführt auch Gelegenheits-Vegetarier (55 SEK). Auch sehr schöne Auswahl an Tees.

Lilla Nygatan 11, Gamla stan, T-Gamla stan, Mo–Fr 11–21, Sa, So 12–21 Uhr, Buffet Mo–Fr 130 SEK, Sa/So 140 SEK

Veganer-Treff mit Aussicht
Hermans Trädgårdscafé 🍴 G 7
Wer nur hierher kommt, um seinen Laptop aufzuklappen, ist selber schuld, denn die Aussicht ist umwerfend. Auch deshalb ist Hermans eine Institution und schon Jahrzehnte an Ort und Stelle. Mit der einmaligen Lage an einer der höchs-

Satt & glücklich

AFTERNOON TEA AUF SCHWEDISCH

Ob als Gegenbewegung zum allgemeinen Kaffeedurst – Tee ist Kult! Nach feinem englischen Vorbild verabreden sich vorwiegend schicke Leute zum ›Afternoon Tea‹. Dazu gibt es – wie zum Kaffee – in der Regel Süßes. Nicht nur zu Weihnachten werden exotische Gewürze wie Zimt, Kardamom und Ingwer für das Backwerk verwendet und vermitteln interessante Geschmackserlebnisse. Ausgezeichnet sind *wienerbröd* (Blätterteiggebäck) und *kanelbulle* (Zimtschnecke). Zum Kaffee werden auch Schokolade-, Mandel- und Haferkekse gereicht.

---

ten Klippen von Södermalm ist Hermans nicht nur für Vegetarier eine Attraktion. Die Kost ist herzhaft, multikulti und in jedem Fall vegetarisch und auch zum großen Teil vegan: Gratins, Lasagne, üppige Salate und gutes Brot – natürlich auch diverse Kuchen. Der Terrassengarten mit großen alten Bäumen ist eine grüne Oase und bei schönem Wetter wird draußen gegrillt.

Fjällgatan 23 B, Södermalm, T 08 643 94 80, www.hermans.se, Bus 2, 3, 53 bis Erstagatan (bis ins Jahr 2025), tgl. 11–15 Uhr, Buffet 138 SEK (Lunch 11–15 Uhr) bzw. 198 SEK (Sa/So 11–21 Uhr), Kaffee und Kuchen ab 60 SEK

Alles Veggie
Chutney 🌱 F 8

Am Flanierboulevard der alternativen Szene im Südosten von Södermalm nahezu eine Institution ist Chutney. Auch Nichtvegetarier könnten schwach werden bei Sattmachern wie Halloumi aus der Pfanne oder Veggieburger. Es gibt auch Ökowein und -bier sowie frischgepresste Säfte und feine Tees.

Katarina Bangata 19, Södermalm, T 08 640 30 10, www.chutney.se, T-Skanstull, Mo–Fr 11–22, Sa 12–22, So 12–21 Uhr, Tagesgericht (mittags) um 100 SEK, Hauptgerichte ab ca. 100 SEK

Essen und die Welt retten
Orgánico 🌱 E 7

Die Fastfood-Theke ist hier in dem Laden mit Regalen bis unter die Decke eher Nebensache, vor allem gesunde Kost wird verkauft, die in diesem Organic Green Food Market natürlich glutenfrei, rein pflanzlich und ökologisch sowieso ist. Wer länger bleiben und Fastfood konsumie-

ren will: Auf mit bunten Zottelkissen bestückten Bänken sitzt man bequem und sehr gemütlich. Die köstlichen Buchweizen-Wraps und Quesadillas, z. B. mit Füllung aus Süßkartoffeln und Feta, unverkennbar lateinamerikanisch inspiriert, machen satt und glücklich und überzeugen auch Nichtvegetarier.

Timmermannsgatan 19, Ecke Krukmakaregatan, Södermalm, T-Mariatorget, Wraps 90 SEK

Mediterran in der Markthalle
Södermanna 🌱 F 8

Das Restaurant im Untergeschoss der Markthalle (Eingang von der Nordseite) bietet die ganze Palette vegetarischer und veganer Köstlichkeiten, die der Mittelmeerraum zu bieten hat, vom veganen Kebabteller, über Falafel, Linsensuppe und Halloumi bis zu frischen Salaten, oft mit starken Einflüssen aus Mittelmeer und Fernost, mit Kräutern fantasiereich gewürzt, auch geeignet für Veganer. Große Auswahl an Teesorten.

Söderhallarna 3–5, Södermalm, T 08 643 18 05, www.sodermanna.se, T-Medborgarplatsen, Mo–Do 10–19, Fr/Sa 10–21 Uhr, ca. 70–100 SEK

EXPERIMENTIERFREUDIG UND UNGEWÖHNLICH

Gutes aus Norrland
Knut Bar 🌱 E/F 4

Wem die weite Reisen in den Norden des Landes zu lange dauert, der bekommt hier zumindest kulinarisch einen ersten Eindruck: Probieren Sie den Einstieg mit

Satt & glücklich

em Norrlandstallrik (›Norrland-Teller‹ mit Renfleischtartar, Elchwurst und Blaubeerchutney sowie Käse aus Jämtland) für 175 SEK. Das beliebteste Gericht ist allerdings Tunnbrödspizza u. a. mit Pfifferlingsmayonnaise (ab 185 SEK).

Regeringsgatan 77, restaurangknut.se, T 08 15 55 15, Mo–Sa ab 11/12–23/0/1 Uhr, So geschl.,

Buntes Indien, bengalische Küche
Shanti Touch of Bengal C 4
Eines von mehreren Shanti-Lokalen – das erfolgreiche Mutterlokal in der Katarina Bangata 58 ist Shanti Classic – mit Gerichten wie Lamm balti in einem modernen angenehmen Ambiente. Empfehlenswert: Chicken biryani oder Lamb Bhuna mit Khichuri (Joghurtsauce) oder Palak Paneer (vegetarisch).

Rörstrandsgatan 23, Vasastan, www.shanti.se/touch-of-bengal, T-Sankt Eriksplan, Mo–Fr 11–23, Sa/So 13–23 Uhr, Hauptgerichte um 180 SEK

Scharf
Time4Thai B/C 3
Für Liebhaber der authentischen thailändischen Küche lohnt sich der Weg bis fast ans Ende der Rörstrandsgatan. Gut, reichlich und richtig schön scharf … Serviert wird Gewoktes oder diverse Thai Curry-Varianten in verschieden großen Portionen zwischen 170 und 210 SEK. Auch zum Mitnehmen (20 % Rabatt).

Norrbackagatan 30, Vasastan, T 08 31 25 90, www.time4thai.se, T-Sankt Eriksplan, Bus 3,4, Mi–Fr 16–23, Sa/So 13–23 Uhr

Äthiopisch
Abyssinia C 3
Eine echte Entdeckung und nicht gerade alltäglich ist die Küche Äthiopiens. Die Grundlage bildet *injera*, eine Art Hirsebrei. Dazu werden Linsen, diverse Gemüse, köstlich gewürzte Saucen und Salat serviert. Wer die Küche kennenlernen will, bestellt am besten einen Spezialitäten-Teller, den es in einer veganen, vegetarischen und in einer Fleischvariante mit Lamm, Rind oder Huhn gibt (169–225 SEK).

Karlbergsvägen 46B, Vasastan, T 08 33 08 40, www.abyssinia.se, T-Sankt Eriksplan, Bus 3 und 5, Di–Fr 11–14, Sa 16–23 Uhr, So geschl.

Waffelparadies für Nostalgiker
Älskade Traditioner G 8
Äußerst populär und nicht selten brechend voll ist das Ecklokal im Trendviertel SoFo im Südosten von Södermalm. Waffeln in allen Variationen, von süß bis herzhaft in kaum erdenklichen Geschmacksrichtungen wie Hühnchen oder Maränenrogen, Feta oder auch klassisch mit Schokolade, Vanilleeis oder süßer Marmelade. Die Preise liegen zwischen ca. 100 und 169 SEK, je nach Belag. Dazu natürlich Smoothies und andere gesunde Getränke, auch Wraps. Die Einrichtung ist es allein schon wert, ein Weilchen vor der Waffel zu sitzen: sehr nostalgisch im Retro-Stil der 1950er-Jahre.

Södermannagatan 42/ Katarina Bangata 56, Södermalm, T-Skanstull, kein Web, Mo–Fr 9–19, Sa/So 10–18 Uhr

Feurig
Ekstedt F 4
Das Konzept ist einfach: Gekocht und geräuchert werden alle Zutaten ohne Strom, sprich im Holzofen oder am offenen Feuer, wie zu Urgroßvaters Zeiten. Das Geschmackserlebnis ist unvergleichlich.

Humlegårdsgatan 17, Östermalm,, T 08 611 12 10, http://ekstedt.nu. T-Östermalmstorg, Di–Do 18–1, Fr 17–1, Sa 16–1 Uhr, 4-Gänge-Menü 890 SEK

Bei Ekstedt wird mit Feuer und Eifer gekocht …

Stöbern & entdecken

Schöne Dinge fürs schmale Budget

An schönen Dingen ist kein Mangel in der Design Hauptstadt Stockholm. Selbst wer nicht so gut bei Kasse ist, kann Schnäppchen machen.

Einkaufspassagen, schwedisch galleria, mit einer Reihe von Geschäften und Filialen diverser Laden ketten, bestimmen das Bild in der Innenstadt, a len voran Gallerian, ›die Galerie‹, zwischen Hamn gatan und Jakobsgatan, sowie Sergelgången, ein unterirdische Ladenzeile zwischen Sergels tore und Hamngatan, wo sie am Kaufhaus NK endet.

Ergänzt werden die Passagen von den Markt hallen mit ihrem Mix aus Imbiss-Ständen und Res taurants, Delikatessen und klassischer Marktware von Backwerk, Fleisch und Fisch über Wurst und Käse bis zu Blumen, Obst und Gemüse.

Für Entdeckungen gut sind die Stadtteile, wie etwa Södermalm, an dessen Haupteinkaufs straße Götgatan hochkarätiges Kunsthandwerk und kleine Spezialgeschäfte Platz finden. Origi nelle Schnäppchen macht man im ›SoFo‹-Viertel südlich der Folkungagatan. Eine Fundgrube für Musikfans ist das Viertel um Sankt Eriksplan mit Platten- und CD-Läden.

Die höchste Dichte an Antiquitäten- und Trö dellläden dürfte Vasastan aufweisen: Odengatan Roslagsgatan, Upplandsgatan sind die vielver sprechendsten Straßen. Wer etwas mehr für ein wertvolles Stück ausgeben kann, sucht im exklu siven Östermalm.

SHOPPINGMEILEN

In **Gamla stan** dominieren Souvenirshops die Västerlånggatan; die Österlånggatan hat viele Kunstgalerien, Designshops und Kunsthandwerksläden. **Drottninggatan** ist die Nummer eins unter den Einkaufsstraßen Stockholms. Hier buhlen große Modeläden, Warenhäuser und Markenboutiquen um Aufmerksamkeit. Im Gebiet zwischen den verkehrsreichen Straßen **Hamngatan/Klarabergsgatan** und **Kungsgatan** liegen die größten Stockholmer Kaufhäuser, Åhléns City und NK. **Norrmalmstorg, Biblioteksgatan** und **Birger Jarlsgatan** mit ihren schicken Design-, Einrichtungs- und Modeläden liegen schon im feinen Östermalm.

Mode im Rückwärtsgang ist voll im Trend.

Stöbern & entdecken

BÜCHER UND MUSIK

Legendär
Pet Sounds 🛍 F 8
Seit 25 Jahren betreibt Stefan Jakobsson
einen legendären Plattenladen, in dem
gelegentlich sogar Konzerte stattfinden
– Stockholms beste Adresse für jede
Art von Popmusik und die passende
Literatur zum Thema.
Skånegatan 53, Södermalm, www.petsounds.se,
T-Medborgarplatsen, Mo–Fr 11–19,
Sa 11–16 Uhr

Für Plattenjäger – zum ersten
Record Hunter 🛍 C 4
Im Erdgeschoss gibt es die neuen
Scheiben, im Keller die Secondhandware
– bis zu 20 000 CDs und Film-DVDs
sind vorrätig. Viel HipHop.
Sankt Eriksgatan 70, Vasastan, www.record
hunter.se, T-Sankt Eriksplan, Mo–Fr 12–18, Sa
11–16, So 12–16 Uhr

Für Plattenjäger – zum zweiten
Atlas Records 🛍 C 4
Nicht der einzige Laden dieser Art rund
um den Sankt Eriksplan. Wer auf der
Suche nach einer seltenen Scheibe –
ob Vinyl oder CD – ist, könnte hier
tatsächlich fündig werden, auch wenn
das Geschäft nur winzig ist.
Sankt Eriksplan 5, Vasastan, T-Sankt Eriksplan,
Mo–Fr 12–18, Sa 12–15.30 Uhr, So geschl.

Bücher querbeet
Antikvariat August 🛍 E 4
Wenige Schritte vom Strindbergsmuseet
entfernt können sich Bücherwürmer
geduldig durch die aufgeschichteten
Stapel zerlesener englischer Krimis
oder englischer und amerikanischer
Thriller wühlen, die Restauflagen Bild-
bände, Garten- und Kochbücher sichten
und angesichts der Preise anschließend
kiloweise Schnäppchen abschleppen.
Die Klassiker verstecken sich ganz
weit hinten in dem schlauchartigen
Ladenlokal.
Drottninggatan 85, Vasastan, www.antikvari
ataugust.se, T-Rådmansgatan, Mo–Fr 11–18,
Sa 11–16, So 12–16 Uhr

Für Bibliophile
Ryös Antikvariat 🛍 D 5
Freunde schöner Bücher entdecken
in dem gutsortierten Antiquariat in
Kungsholmen bestimmt das eine oder
andere Schätzchen. Schwerpunkt:
qualitätvolle Ausgaben, darunter auch
Bücher in deutscher oder englischer
Sprache. Auch eine umfangreiche
Grafik-Abteilung.
Hantverkargatan 21 (Ecke Parmmätargatan),
Kungsholmen, T-Rådhuset, www.ryo.se, Mo–Fr
11–18 Uhr

DELIKATESSEN UND LEBENSMITTEL

Für Feinschmecker
Cajsa Warg 🛍 G 8
Das Delikatessengeschäft ist benannt
nach der Autorin eines schwedischen
Kochbuchklassikers anno 1755. Es weht
ein Hauch vergangener Jahrhunderte
durch die hohen Regale. Vielfalt statt
Masse heißt die Devise, gute Sachen
aus aller Welt, ob italienische Pasta oder
bretonisches Salzgemüse (Salicorne),
deutsches Pumpernickel oder weiland
König Oscars Lieblings-Anchovis in
Büchsen. Ideal fürs Picknick: Salate
und kleine Gerichte zum Mitnehmen.
Moderner eingerichtet, mit Imbiss, ist
die Filiale am Sankt Eriksplan 2.
Renstiernas gata 20 (Ecke Kocksgatan), Södermalm, Bus 3 bis Åsögatan, www cajsawarg.se,
Mo–Fr 7.30–21, Sa/So 9–21 Uhr

Schicker Bioladen mit Bar
Urban Deli 🛍 G 8
Ein Ort für alle Eventualitäten: Hier
gibt es Frühstück ab 8, ab 11 Uhr
Mittagessen, und um 17 Uhr öffnet die
Cocktailbar. Das Beste aber: serviert
wird ökologisch Produziertes, ob
Frühstücksei oder Rotwein glasweise.
Außerdem kann man hier fast zu jeder
Uhrzeit Lebensmittel einkaufen, eine
riesige Frischetheke bietet alle erdenk-
lichen Leckereien. Nytorget ist sowieso
der Treffpunkt der Hipster-Community in
Södermalm, hier trifft man ganz sicher
kinderwagenschiebende ›Latte-Papas‹
beim Einkaufen. In der City gibt es

Stöbern & entdecken

FLOHMÄRKTE

Ein **Flohmarkt** *(loppis)* findet sonntags auf dem **Hötorget** statt: eine bunte Mischung, günstige Preise. Idyllisch unter grünen Bäumen breiten die Händler auf dem **Karlaplan** in Östermalm ihre Waren aus. Das Rund des Platzes mit dem pätschernden Springbrunnen ist an jedem Samstag im Sommer Treffpunkt für Schnäppchenjäger. **Bauernmärkte** bzw. Wochenmärkte mit frischem Gemüse, Obst und weiteren Produkten aus der Region finden samstagsvormittags im Tessinparken, Östermalm (🅿 H 3), sowie Aug.–Okt. in der Katarina bangata, Södermalm (🅿 G 8), statt.

---

einen Ableger: **Urban Deli Sveavägen**, Sveavägen 44, Norrmalm, dessen schöne Dachterrassen-Bar im Sommer sehr populär ist; man muss mit Wartezeiten am Aufzug rechnen …
Nytorget 4, Södermalm, www.urbandeli.org, Bus 3 bis Skånegatan, Mo–Do, So 8–0, Fr/Sa 8–1 Uhr

Handgemachte Sahnebonbons
Pärlans konfektyr 🅿 G 8
Ein wunderbares Souvenir sind – hübsch verpackt und in vielen Variationen handgefertigt – die Sahnebonbons (engl. Fudge, schwed. kola) von Pärlans. Das junge Startup-Unternehmen ist ein typisches Gewächs aus Södermalm. Die Fabrikation geschieht an Ort und Stelle – man kann von außen durch ein Schaufenster zusehen. In dem altmodisch-gemütlichen Laden findet man bestimmt ein passendes Geschenk für alle Freunde süßer Sachen.
Nytorgsgatan 38, Södermalm, www.parlanskonfektyr.se, Bus 3 bis Skånegatan, Mo–Fr 11–18, sonst nur 11–17 Uhr

Für Leckermäuler
Chokladfabriken 🅿 G 7
Der ganze Laden duftet nach Schokolade – Pralinen und Petit fours werden vor Ort hergestellt, man kann durchs Fenster bei der Arbeit zusehen und die Produkte im Café verkosten, besonders empfehlenswert: eine Tasse heiße Schokolade, weiß oder dunkel, richtig stark im Geschmack.
Renstiernas gata 12/Ecke Tjärhovsgata, Södermalm, www.chokladfabriken.se, Bus 2, 3 bis Erstagatan (bis voraussichtl. 2025), Mo–Fr 8–18.30, Sa 10–18, So 11–18 Uhr

---

SECONDHAND, ANTIKES UND KURIOSES

Kunterbunt
retro.etc 🅿 F 8
Der stilsichere rote Faden dieses Geschäfts ist ›Retro kunterbunt‹, ein vielfältiger Mix aus Secondhand und neu, u. a. von der Designerin Lotta Külhorn. Wer eine Schwäche für Sachen aus den fröhlich-bunten 1960er- und 70er-Jahren hat, wird hier fündig.
Folkungagatan 65, Södermalm, www.retroetc.se, T-Medborgarplatsen, Mo–Fr 11.30–18.30, Sa 11–16 Uhr

Mode aus zweiter Hand
Lotta Vintage 🅿 D 3
Die geschmackvolle Damenmode – Kleidung, Schuhe, Taschen – aus zweiter Hand, die hier verkauft wird, stammt vor allem aus Italien, Spanien und Frankreich. In dem von zwei Schwestern geführten kleinen Laden ist es schwer, wieder rauszugehen, ohne wenigstens ein kleines Accessoire zu kaufen – schon weil es tatsächlich sehr preiswert ist.
Upplandsgatan 45, Norrmalm, www.lottavintage.com, T-Odenplan, Di–Fr 12–18, Sa 11–16 Uhr

Secondhand für Ihn
Judits / Herr Judit 🅿 D 7
Privat und geschäftlich getrennt, teilen Judit und Herr Judit noch den Namen und die Branche: elegante Mode aus zweiter Hand. Herr Judits hat außer Herrenmode in guter Secondhand-Qualität auch neue Ware im Vintage-Stil sowie Originelles und Antikes fürs Heim. Alles für die Dame gibt es bei Judits – ein paar Häuser weiter, Hornsgatan 75.

Stöbern & entdecken

Hornsgatan 65 und Hornsgatan 75, Södermalm, www.herrjudit.se, T-Zinkensdamm, Mo–Fr 11–18, Sa 11–16.30, So 12–15/16 Uhr

Jenseits von ... gestern!
Beyond retro 🅐 E 4
Die britische Kette verkauft vor allem aus US-amerikanischen Beständen Klamotten in rauen Mengen; es gibt alles und in allen Farben, für Sie und Ihn, von Kopf bis Fuß. Nehmen Sie sich viel Zeit zum Anprobieren, denn die brauchen Sie; der Laden in der Drottninggatan erstreckt sich über zwei Stockwerke (mit Souterrain).
Einen weiteren Laden gibt es in Södermalm: Beyond retro Zinken, Brännkyrkagatan 82 🕮 D 7
Drottninggatan 77, Vasastan, www.beyondretro.com, T-Rådmansgatan, Mo–Fr 11–19, Sa 11–17, So 12–16 Uhr

··

DESIGN UND KUNSTHANDWERK

··

Pfiffiges und mehr
Designtorget 🅐 Karte 2, E 5
Zeitgenössisches schwedisches Design für den kleinen Geldbeutel verkauft die Ladenkette mit Niederlassungen in mehreren Städten. Kennzeichen: pfiffige Ideen und viel praktischer Nutzen. Vom Kleinmöbel für Bad, Küche oder Garderobe bis zu Werkzeugen, Schmuck und Textilien reicht die Bandbreite. Weitere Filialen von Designtorget gibt es in der Västermalmsgallerian (🕮 C 5, T-Fridhemsplan) und im Bahnhof Stockholm Centralen.
Sergelgången, Kulturhuset, Norrmalm, www.designtorget.se, T-Centralen, Ausgang Sergels torg, Mo–Fr 10–19, Sa 10–18, So 11–17 Uhr

Vom Künstler zum Kunden
125 kvadrat konsthantverk 🅐 F 8
Als Verkaufsstelle einer Kunsthandwerkerkooperative entstand der Laden 1984 und bietet heute Gold- und Silberschmiedearbeiten, Textilien, Glas und Keramik – garantiert originell. Die Begegnung mit einem der ca. 20 beteiligten Künstler ist nicht ausgeschlossen.
Kocksgatan 17, Södermalm, www.125kvadrat.com, T-Medborgarplatsen, Mo–Fr 11–18, Sa/So 11–16 Uhr

Traditionshandwerk
IRIS Hantverk 🅐 E 4
Ehemals unter dem Namen Svenskt Hantverk bekannt. Handwerklich Gefertigtes aus ganz Schweden, vor allem für den Haushalt: von der Wurzelbürste über Tischdecken aus Leinen bis zu Käsehobeln und hölzernen Buttermessern. Aber auch formschöne Holzschuhe und Kleidung. Weitere Geschäfte, u. a. in Gamla stan (Västerlånggatan).
Kungsgatan 55, Norrmalm, www.irishantverk.se, T-Hötorget oder T-Centralen, Mo–Fr 10–18, Sa 10–15 Uhr (im Sommer 10–14 Uhr)

Hochwertig und althergebracht
Svensk Hemslöjd 🅐 F 4
Offizielle Verkaufsstelle der Vereinigung Svensk Hemslöjd, die sich der Pflege traditioneller Volkskunst widmet. Das Geschäft verkauft hochwertige und von Hand gefertigte Produkte aus allen Teilen des Landes, von Lappland bis Südschweden – der Schwerpunkt liegt dabei auf Naturmaterialien wie Textilien aus Leinen oder Wolle. Hier bekommen Sie erschwingliche und praktische Mitbringsel, die wirklich das Etikett ›Made in Sweden‹ verdienen.
Norrlandsgatan 20, Östermalm, www.svenskhemslojd.com, T-Östermalmstorg, Ausgang Stureplan, Bus 2, Mo–Fr 10–18, Sa 11–16, So 12–16 Uhr

Weich und süß – die Sahnebonbons von Pärlans konfektyr sind liebevoll verpackter Genuss.

Stöbern & entdecken

SCHNÄPPCHEN FÜR EINEN GUTEN ZWECK

In Schweden hält man generell weniger von Mülltrennung als von echtem Recycling – vor allem schicke Second-hand-Garderobe steht hoch im Kurs bei Modebewussten. Dass man nicht nur der Nachhaltigkeit, sondern auch wohltätigen Organisationen hilft, ist angenehmer Nebeneffekt. Fundgruben gibt es an vielen Stellen im Stockholmer Stadtgebiet; hier die wichtigsten und ergiebigsten:

Myrorna (🏠 F 8, Götgatan 79, T-Slussen oder Medborgarplatsen, Mo–Fr 10–18, Sa 10–16 Uhr): Der größte von mehreren Secondhandläden der Heilsarmee (›Myrorna‹ – die Ameisen) verkauft außer Kleidung in bester Qualität auch alles mögliche andere, vom Tafelservice bis zum Groschenroman, von Schmuck bis zu Kleinmöbeln.

Stockholms Stadsmission: Die Läden der gemeinnützigen sozialen Organisation verkaufen Verwertbares aus Haushaltsauflösungen und Stiftungen, oft gute Stücke: Kleidung, Schmuck, Porzellan, Glas. Im historischen Haus in der Altstadt Köpmangatan 15 (🏠 Karte 2, F 6) liegt der Schwerpunkt auf Antiquitäten. Weitere Geschäfte: 🏠 C 5, Hantverkargatan 78, Kungsholmen, 🏠 D 3, Hagagatan 3, Norrmalm, gegenüber Stadsbiblioteket, Souterrain.

Originelles aus aller Welt

Afroart 🏠 D 3

Nicht nur aus Afrika kommen die nützlichen wie dekorativen Objekte bei Afroart. Die Idee des seit 1967 bestehenden Projektes: Schwedische Designer entwerfen, Kunsthandwerker in aller Welt produzieren – nach lokalen Traditionen, von Bangladesh bis Usbekistan. Das Ergebnis sind formschöne Objekte aus fairem Handel.

Norrtullsgatan 10, Vasastan, www.afroart.se, T-Odenplan, Mo–Fr 10.30–18, Sa 11–16 Uhr

Schöne Souvenirs aus Ton

Keramikerna 🏠 G 8

Die beiden Keramikerinnen Mia Blanche und Anna Svensson präsentieren im eigenen Laden ihre Kollektionen – u. a. Becher, Tassen, Teller, Krüge, Etageren für den Afternoon Tea. In leichten Pastelltönen glasiert, sehr sommerlich-ländlich. Gelegentlich werden auch Töpferkurse veranstaltet.

Åsögatan 159, Södermalm, http://keramikerna. se, Bus 3, Di–Fr 11–17, Sa 11–15 Uhr

Töpferstube

Salong Pottan 🏠 C 4

Dass sich in der gleichnamigen Straße bis 1926 noch eine Rörstrands Porzellanfabrik befand, daran erinnert im Kleinen die Werkstatt der Töpferin Margaretha Wallin. In dem winzigen Laden rotiert an manchen Tagen die Töpferscheibe und die Ergebnisse schmücken die Regale bis unter die Decke. Die wunderschönen Becher mit floralen Motiven sind ein originelles Mitbringsel ›made in Stockholm‹.

Rörstrandsgatan 18, Vasastan, T 08 31 72 87, www.salongpottan.se, T-Sankt Eriksplan, Mo–Fr 12–18, Sa 12–15 Uhr

---

MÄRKTE UND MARKTHALLEN

Modern und populär

Hötorgshallen 🏠 E 4

Ein Klassiker, die in die Jahre gekommen ist sie schon, und besonders in der Mittagszeit kann es in der Markthalle im zentralen Einkaufsviertel Stockholms richtig voll werden und langes Anstehen an den Imbisstheken ist kaum zu vermeiden. Wer in der Innenstadt unterwegs ist, holt sich hier gern einen schnellen Snack. Die Vielfalt ist groß, von Kebab bis Wrap, von Wok-Gerichten bis zu Sushi.

Hötorget, Norrmalm, www.hotorgshallen.se, T-Hötorget, Mo–Do 10–18, Fr 10–19, Sa 10–16 Uhr

Stöbern & entdecken

Alt und nobel
Östermalms saluhall 🔒 G 4
Gourmets und alle, die für gutes Essen auch gut bezahlen wollen und können, finden ihr Paradies in der historischen Markthalle, einem Backsteinbau des späten 19. Jh. Insbesondere die Fisch- und Schalentierspezialitäten sowie Salate aus der Feinkosttheke sind ein Gedicht. Lieber einmal weniger ins Restaurant und hier gute Sachen für ein Picknick einkaufen.

Östermalmstorg, Östermalm, www.ostermalmshallen.se, T-Östermalmstorg, wegen Renovierung bleibt die Markthalle bis voraussichtlich bis ins Jahr 2019 geschl., Verkauf auf dem Östermalmstorg in einem provisorischen Bau, Mo–Fr 9.30–19, Sa 9.30–18 Uhr

Multikulti
Söderhallarna 🔒 F 8
Rund 20 Restaurants, Cafés und Imbisstheken mit Spezialitäten aus aller Welt sind in der großen modernen Halle vertreten, von der Taco-Bar über den Kebab-Imbiss bis zum vegetarischen Nahost-Restaurant. Weitere Geschäfte verteilen sich auf der zweiten Etage der geräumigen Halle, die eher ein Einkaufszentrum ist. Auch ein Kino, SF Filmstaden Söder, findet noch Platz.

Medborgarplatsen, Södermalm, www.soderhallarna.se, T-Medborgarplatsen, Mo–Fr 10–18, Sa 10–16 Uhr

···

MODE UND ACCESSOIRES
···

Naturmaterialien
Gudrun Sjödén 🔒 Karte 2, F 6
Die bequeme Damenmode aus dem Hause Gudrun Sjödén kommt in kräftigen Farben, aus Naturmaterialien und schlicht, aber wirkungsvoll im Zuschnitt. Ein weiteres Geschäft des Modelabels befindet sich in der Regeringsgatan 30, Norrmalm (F 5).

Stora Nygatan 33, Gamla stan, T-Gamla stan, Mo–Fr 10–18.30, Sa 10–16, So 12–16 Uhr

Punk-Mode für Sie und Ihn
Shock 🔒 E 4
Schwarze Lederkluft, Plateausohlen, schräge Mode, neu oder Secondhand.

Eine Fundgrube für den Heavy-Metal- oder Punkrockfan.

Drottninggatan 81A, Vasastan, T-Rådmansgatan, Mo–Fr 11–18, Sa 11–17 Uhr

Originelle Recycle-Mode
Smiley Vintage 🔒 G 8
Vor allem Damenkleider und Blusen, die nicht von der Stange kommen, sondern aus guterhaltenen alten Stücken neu geschneidert werden – das ist das Konzept von Smiley Vintage. Keine Wegwerfmode, sondern Unikate – von der eleganten Abendrobe bis zum Sonntagskleid. Wer auf 1940er- und 1950er-Mode steht, kann hier schöne Einzelstücke finden.

Södermannagatan 14 (Ecke Kocksgatan), Södermalm, www.smileyvintage.se. T-Medborgarplatsen, Mo–Fr 11.30–18, Sa 12–18, So 12–16 Uhr

Neu auf alt gemacht
Daisy Dapper 🔒 G 8
Alles was hier aussieht wie typisch und original 1950er-Jahre ist nach den alten Vorbildern neu gefertigt: Herrliche Badeanzüge im Stil amerikanischer Filme, Kleider, Accessoires, Schuhe und die weiten Marlene-Dietrich-Hosen. Ebenfalls historischen Modellen nachgeschneidert: wespentaillierte, kurvenbetonte Kleider oder petticoatweite Röcke – leider nichts für den Herrn.

Katarina Bangata 33, Södermalm, http://daisy dapper.com, T-Skanstull, Mo–Fr 12–19, Sa 12–17, So 12–16 Uhr

Mit Plateausohlen auf dem Holzweg
Swedish Hasbeens 🔒 Karte 2, F 6
Wer beim Stichwort ›Clogs‹ nur an Flachland-Klumpen oder Holzpantinen für den gesunden Gang denkt, ist hier auf dem Holzweg. Die Kreationen rund um die meist hölzernen Sohlen sind vielleicht für die Füße gewöhnungsbedürftig, das Auge freut sich aber sehr. Ob Sandale oder Stiefelette, alle Modelle sind in Holz und Leder bunt und flippig schick designt mit Plateausohlen im Stil der Siebziger. Der Flagshipstore ist in der Nytorgsgatan 36A, Södermalm.

Västerlånggatan 65, Gamla stan, http://swedish hasbeens.com, T-Gamla stan, Mo–Fr 11–16, Sa 11–15, So 12–16 Uhr

Wenn die Nacht beginnt

Nichts wie raus in die hellen Nächte ...

Stockholm ist eine Stadt der Nachtschwärmer – nicht nur zu Zeiten der hellen Sommernächte, wenn die Sonne kaum vier Stunden unterm Horizont verschwindet. Kultige Bars, Clubs und Szenelokale, Kneipen mit Livemusik und Discos – das Angebot an nächtlichen Vergnügungen, schwedisch nöje, ist so vielseitig wie das Publikum.

Stockholm ist das Zentrum der skandinavischen Musikszene. In den Studios, bei Festivals und Konzerten geben sich Musiker die Klinke in die Hand. Wichtige Schauplätze der skandinavischen Jazzszene sind hier zu finden. Es lohnt sich früh anzufangen, lange Warteschlangen bilden sich nach Mitternacht. Am Freitag- und Samstagabend entfaltet sich das Bar-Leben bis in die frühen Morgenstunden. Dabei ist Alkohol für die Vergnügungen der Stockholmer im Nachtleben nicht das Wichtigste, dafür sind sie zu sehr Genießer.

Alkohol ist in Schweden noch immer überdurchschnittlich hoch besteuert. Hat Bier *(öl)* über 3,5 Volumenprozent Alkohol, heißt es *starköl* und wird nur in Spezialgeschäften (Systembolaget) verkauft oder in Restaurants mit entsprechender Lizenz. Viele Bars servieren auch alkoholfreie Cocktails.

ZUM SELBST ENTDECKEN

Auch zu später Stunde herrscht in den Gassen von **Gamla stan** noch munteres Treiben, doch dominieren, wie am Tag, die Touristen. Im feinen **Östermalm** trifft sich, wer sich für schick und elegant hält – die Türsteher achten rund um den Stureplan nicht nur aufs vorgeschriebene Mindestalter, sondern auch auf gepflegte Kleidung. Lockerer geht es in den Lokalen auf **Södermalm** zu. Dort liegen auch die meisten gay- und lesbenfreundlichen Lokale. Rund um den **Mosebacke torg** haben sich Clubs und Tanzlokale etabliert. Relativ neu als Revier für trendige Nachtschwärmer ist das Viertel in Vasastan um **Sankt Eriksplan** und **Rörstrandsgatan**.

Stampen: Hier jazzt und rockt es live und laut.

Wenn die Nacht beginnt

BARS UND KNEIPEN

Aussichtsreich
Gondolen ☼ Karte 2, F 7
Die fantastische Aussicht, rund 38 m über der Stadt, lässt sich bei einem Cocktail plus Krabbensandwich hinter den Panoramafenstern genießen. Noch bis 2025 kann man von hier aus die Großbaustelle Slussen bestens beobachten. Kleine Gerichte ca. 100 SEK.
Stadsgården 6, Södermalm, T 08 641 70 90, www.eriks.se, T-Slussen, Mo–Fr 11.30–1, Sa 16–1 Uhr

Traditionsreicher Nightspot
Berns ☼ Karte 2, F 5
Ein traditionsreiches Hotel-Etablissement. Sehr populär ist die im Sommer geöffnete Cocktailbar mit schöner Terrasse zum Berzelii Park. Mit Restaurant Berns Asiatiska (kleine Gerichte ab 150 SEK) dem schicken Nachtclub ›LE!‹ über zwei Etagen (ab 22 Uhr) sowie ›NEU‹ mit Schwerpunkt Elektronika – laut und Laser.
Näckströmsgatan 8, Norrmalm, T 08 56 63 22 00, www.berns.se, T-Kungsträdgården oder T-Östermalmstorg, Terrasse Fr/Sa 21–3 Uhr, Eintritt 150 SEK, Nachtclubs ab 22 Uhr, Altersgrenze 23 Jahre

Bierkneipe mit Tradition
Kvarnen ☼ F 8
Vor allem Restaurant und große Bierhalle *(ölhall)* im Stil des 19. Jh. mit solider Hausmannskost (Hauptgerichte ca. 200 SEK) zum breiten Bierangebot – 0,4 l kosten zwischen 74 und 89 SEK. Die Klassiker der schwedischen Hausmannskost wie Gubbröra (hartgekochtes Ei und Mayonnaise auf Toast) oder SOS (mehrere Sorten eingelegter Hering, eine Auswahl pikante Käse und Salzkartoffeln) legen eine gute Grundlage. Beliebt sind im Sommer auch die Tische draußen.
Tjärhovsgatan 4, T 08 643 03 80, www.kvarnen.com, T-Medborgarplatsen, Mo–Fr 11–3, Sa/So 17–3 Uhr

Traditionslokal
Tennstopet ☼ D 3
Die originelle Eckkneipe mit dem nostalgisch aus den 1950er-Jahren herübergeretteten bunten Neonschild lag ursprünglich nahe dem Stockholmer Bahnhof, musste aber der Stadtsanierung 1965 weichen und zog mit allem Drum und Dran in die Vasastan. Hier trafen sich Journalisten und Zeitungsmacher, nachdem die Spätausgabe in Druck war. Wenn die Wände Ohren hätten, könnten sie viel erzählen. Althergebrachtes kommt auf den Teller und in die Gläser bei Tennstopet: klassische schwedische Hausmannskost, z. B. Råbiff oder Isterband, eine småländische Wurstspezialität (192 SEK), oder Brathering mit Kartoffelpüree (169 SEK). Letzte Rettung für den leeren Magen: S.O.S (Smör, Ost, Sill – Butter, Käse, Hering) für 142 SEK. Dazu natürlich ein zünftiges Bier oder auch ein *snaps*. Nicht aus dem *stoop* – das wären 1,3 Liter!
Dalagatan 50, Vasastan, www.tennstopet.se, T-Odenplan, Bus 3 und 4, Mo–Fr 11–1, Sa/So 13–1 Uhr

Hoch hinaus
Himlen ☼ F 8
Das Hochhaus aus dem Jahr 1959 war einst ›Skatteskrapan‹, Sitz der Steuerbehörde. Unten ist heute die Einkaufspassage, oben wohnen Studenten und ganz oben im 26. Stock in 104 m Höhe werden Cocktails gemixt und mit einer grandiosen Aussicht über die Stadt serviert – ein bisschen Manhattan mitten in Söder.
Götgatan 78 (Skrapan), Södermalm, T 08 660 60 68, www.restauranghimlen.se, T-Medborgarplatsen, Bar Mo–Do 11.30–0/1, Fr 11.30–3, Sa 12–3 Uhr

Für Mitteleuropäer ungewohnt sind die Altersgrenzen für den Zutritt zu Kneipen, Bars und Discos: In den meisten Fällen ist der Zutritt erst ab 18, 20 oder gar ab 23 Jahren gestattet, über die Einhaltung der Altersgrenzen (und die Kleiderordnung) wachen Türsteher *(dörrvakt)*.

105

Wenn die Nacht beginnt

KINO

In Schweden werden nur sehr wenige ausländische Filme synchronisiert. Nicht nur im Fernsehen, auch im Kino *(bio)* bekommt man daher die Streifen im Original zu sehen und zu hören – mit schwedischen Untertiteln. Kartenvorbestellung, Programm, Adressen der dem größten Verband SF angeschlossenen Kinos: www.sf.se. **Cinemateket:** Speziell an Cineasten richtet sich das Programm Cinemateket des Schwedischen Filminstituts. Gezeigt werden Klassiker der Filmgeschichte, Filmreihen zu bestimmten Themen und Autorenkino im Filmhuset (✺ H/J 3/4). Das Kino

Biograf **Victoria** in Södermalm (✺ F 8, T-Skanstull, ▶ S. 66) zeigt ebenfalls einmal pro Woche im Auftrag des Schwedischen Filminstituts/Cinemateket besondere Filme. Das komplette Programm unter www.cinemateket.se. **BioRio:** ✺ C 8, www.biorio.se. Das populäre Programmkino an Hornstulls strand präsentiert ausgewählte aktuelle Filme und Klassiker. Sehr nettes Café Salong 2 mit Blick auf den Sonnenuntergang über Liljeholmen. **Zita:** ✺ F 4, Programmkino mit Einrichtung wie im Jahr 1913 – die Filme beginnen pünktlich, es wird keine Werbung gezeigt.

Craft Beer
Café Proviant ✺ B 4
Das in Kungsholmen versteckt liegende Café Proviant ist kein Café für den Nachmittagskuchen, sondern ein gehobenes Ölkafe, wie die Bier-Connaisseur-Lokale heißen, in denen Craft Beer frisch gebraut aus dem eigenen Braukessel verkostet werden kann. Im Ausschank sind Spezialbiere wie Indian Pale Ale (IPA), Dry Stout und – wirklich! – Kölsch; auch Skärgårdscider wird ausgeschenkt. Trotz der urigen Braukessel hat die hier servierte Kost zum Bier nichts mit Brauhausküche zu tun, ist keineswegs fleischlastig, sondern ziemlich öko … und hat ihren Preis. Hauptgerichte um ca. 180–295 SEK. Gebraut wird in Kungsholmen, Arbetaregatan 33 (Mo–Fr 11–14.30 Uhr Lunch).

Sturegatan 19, Östermalm, T 08 650 33 22, http://proviant.se, Mo–Fr 11.30–15, 17–0, Sa/So erst ab 17 Uhr

Für Bierkenner
Katarina Ölkafe ✺ F 8
Seit 2014 werden ein gutes Dutzend Spezialbiere nach amerikanischem Vorbild in schwedischen Mikrobrauereien hergestellt und in Flaschen kredenzt. In dem winzigen ›Bier-Café‹ mit wenigen Barhockern und schmalem Tresen sind

sie voll im Trend bei den ›Latte-Pappas‹ von Söder; Craft Beer – die Preise für Biere mit einem Alkoholgehalt zwischen 5 und 6 % liegen bei 74 oder 95 SEK. Zu essen gibt es in dem netten Lokal auch US-amerikanische Deli-Kost. Die Reise nach Brooklyn kann man sich also sparen, um ein Pastrami-Roggen-Sandwich (125 SEK) zu probieren. Auch tagsüber ein guter Ort, um nach dem Shoppingbummel durch SoFo auszuspannen.

Katarina Bangata 27, Södermalm, T-Skanstull, www.katarinaolkafe.se, Mo–Do 17–0, Fr–So 12–0 Uhr

Brauhaus wie in Brooklyn
Nya Carnegiebryggeriet
✺ außerhalb J 8
Einige Nummern größer als die nach dem Brooklyn-Vorbild konzipierten *ölkafeer* ist das in der ehemaligen Glühlampen-Fabrik Luma mit herrlicher Terrasse direkt am Wasser untergebrachte Restaurant mit Bierhalle. Immens populär und vielfältig auch im Alkoholgehalt sind die Spezialsorten von Luma Lager bis Krakatau. Carnegie Porter, Schwedens älteste Biermarke, Carlsberg und Brooklyn Brewery stecken mit hinter dem schwedisch-amerikanischen Projekt – kein Wunder bei so

Wenn die Nacht beginnt

vielen kundigen und experimentierfreudigen Braumeistern und -meisterinnen.
Ljusslingan 15–17, Hammarby sjöstad, T 08 51 06 50 82 www.nyacarnegiebryggeriet.se, Tvärbana bis Luma, Di–Do 16–0, Fr 11–0, Sa 14–0 Uhr

Nostalgische Bierhalle
Pelikan ☼ außerhalb F 8
Einladende ölhall mit nostalgischer Atmosphäre und Hausmannskost zum Bier, wie *köttbullar* (Hackfleischbällchen mit Preiselbeeren und Sahnesauce, 198 SEK). Zahlreiche Biersorten, darunter viele aus Tschechien. Das 1904 eröffnete Lokal ist oft brechend voll – ein beliebter Treffpunkt für ein breit gefächertes Publikum.
Blekingegatan 40, Södermalm, T 08 55 60 90 92, www.pelikan.se, T-Skanstull, Mo–Do 16–0/1, Fr/Sa 12–1 Uhr, So geschl.

Live Jazz
Pub & Restaurang Norrport ☼ E 2
Gemütliche altmodische Kneipe, wo die Stockholmer aus dem Viertel noch unter sich sind. Die Einwohner von ›Sibirien‹ genießen hier in Ruhe ein Bier oder lassen sich am Donnerstagabend Jazzlivekonzerte bieten – und das kostet nichts! Zu essen gibt es auch etwas: schwedische Hausmannskost.
Roslagsgatan 38, Vasastan, www.norrport.se, T-Tekniska högskolan, Bus 50, tgl. 15–1 Uhr

∙∙
TANZEN UND LIVEMUSIK
∙∙

Legendäre Rockbühne
Engelen/Kolingen ☼ Karte 2, F 6
1969 öffnete das legendäre Lokal in der ehemaligen Apotheke ›Zum Engel‹ in dem Altstadthaus mit mittelalterlichen Gewölben. Heute spielt jeden Abend ab 20 Uhr die hauseigene Coverband fetzige Oldies und Goodies aus Pop und Rock. Restaurant mit Holzkohlengrill (Hauptgerichte 190–265 SEK).
Kornhamnstorg 59b, Gamla stan, T 08 50 55 60 90, www.engelen.se, T-Gamla stan, tgl. ab 16 Uhr, Nachtclub Kolingen Mi–Sa 22–3 Uhr, Altersgrenze 23 Jahre

Traditionsreicher Jazzclub
Fasching ☼ E 5
Legendärer Jazzclub mit täglichen Livekonzerten, Jazz aller Sparten, große Stars, skandinavische wie internationale haben sich hier schon ein Stelldichein gegeben. Miteigentümer ist Schwedens Jazzmusikervereinigung FSJ (Föreningen Sveriges Jazzmusiker). Mit Restaurant (180–245 SEK). Im angeschlossenen Club Soul bevölkern Soul-Fans ab 20 Jahre den Dancefloor, wenn die DJs schwarze Musik der 1960er- und 70er- Jahre auflegen.
Kungsgatan 63, Norrmalm, T 08 53 48 29 60, www.fasching.se, T-Hötorget oder T-Centralen, So–Mi 17/18–0, Do 18–3, Fr, Sa 18–4 Uhr, Konzertbeginn 20 bzw. 20.30 Uhr, Altersgrenze 18 Jahre, Nachtclub 23 Jahre. Club Soul: www.clubsoul.net, Sa 23.30–4 Uhr, 120 SEK

Draußen, nicht immer umsonst
Trädgården ☼ außerhalb F 8
In verschiedenen Gebäuden tief unter der riesigen Brücke, die Södermalm mit den südlichen Stadtteilen verbindet spielen sich heiße Club-Nächte ab, DJs, Livekonzerte, aber auch Kino unter freiem Himmel. Man kann Boule oder Tischtennis spielen oder Cocktails (auch alkoholfreie) trinken, auch ein Restaurant und eine ›Burgeria‹ gehören dazu. Im Sommer ist Trädgården *the place to be*. Teils überdachte fünf Dancefloors, ideal für Stockholms helle Nächte.
Hammarby Slussväg 2, Södermalm, www.tradgarden.com, T-Skanstull, Mo/Di 20–3, Mi–Fr 17–3, Sa 14–3 Uhr, ab 22 Uhr 50 SEK, Fr/Sa bis 20 Uhr gratis, dann gestaffelt 50–185 SEK, Altersgrenze 21 Jahre

Entspannte Clubnächte
Debaser Strand ☼ C 8
Rock, Pop, alles querbeet. Unterschiedliche Clubs, im Sommer auch draußen, DJs oder Live-Bands auf der Open-Air-Bühne. Jede Menge Events mit Schwerpunkt Rock – der angesagteste Club in der Stadt. Hier trifft sich die junge Szene zur entspannten Partynacht. Dazu gehören auch das Restaurant Calexico's mit mexikanischer Küche und die Bar Brooklyn.
Hornstulls Strand 4, Södermalm, T 08 658 63 50, www.debaser.se, T-Hornstull, Bus 4, Altersgrenze 20 Jahre, Konzerte 18 Jahre

Wenn die Nacht beginnt

Eine Institution
Södra teatern / Mosebacke ☼ F 7
Der ehemalige Tanzpalast aus dem Jahr 1896 ist bis heute eine Institution und mit mehreren Bühnen der wichtigste Schauplatz der Kulturszene auf Södermalm. Getanzt wird hier zu schnellen Beats auf dem Club-Dancefloor (ab 21 Uhr). Auf die Bühne kommen Theater- und Musikstücke oder Literatur-Events. Mit Bar-Restaurant. Immer schön: die Aussicht aufs nächtliche Stockholm von der Terrasse, ob bei Livemusikkonzerten oder nach langen Clubnächten.

Mosebacke torg, Södermalm, T 08 53 19 94 90 (Tickets), www.sodrateatern.com, T-Slussen, Ausgang Hökens gata, Bar Fr/Sa 17–1 Uhr, Altersgrenze 18, Fr/Sa 20 Jahre

Musiklokal
Nalen ☼ F 4
Traditionsreiches Tanzlokal der 1930er- bis 60er-Jahre, das mit Bar und einem sehr variablen Konzertprogramm von R'n'B über Rock bis zu Folk ein breites Publikum begeistert. Auch Restaurant (abends Hauptgerichte um 200 SEK).

Regeringsgatan 74, Norrmalm, T 08 50 52 92 00, www.nalen.com, T-Hötorget, Mo–Fr 11.30–0, Sa 17–23 Uhr, Mi–Sa Live-Jazz

Jazz, Blues, Rhythm'n'Blues
Stampen ☼ Karte 2, F 6
Der älteste Stockholmer Jazzclub wurde 1968 in einem ehemaligen Pfandleihergeschäft eröffnet (aus dem noch einiges zur Inneneinrichtung beiträgt). Außer

---

TANZ, THEATER, OPER UND BALLETT

Theater, Oper, Ballett
Das erste Theater des Landes ist **Kungliga Dramatiska Teater** (Dramaten, ☼ F 5, Nybroplan, Ticket-Tel. 08 667 06 80, www.dramaten.se, T-Östermalmstorg, Ausgang Birger Jarlsgatan). An dem Theater in dem prunkvollen Jugendstilgebäude (► S. 36) inszenierte einst Ingmar Bergman. Gespielt werden Klassiker wie Shakespeare oder moderne Dramatiker. Vielfalt auf städtischen Bühnen erlebt man im **Kulturhuset-Stadsteatern** (☼ E 5, Kulturhuset, Sergels torg, T 08 50 62 02 00, www.kulturhusetstadsteatern. se, T-Centralen, Ausgang Sergels torg): Ernstes, Experimentelles und Originelles aus allen Genres.
Ballett und Oper in elegantem Rahmen bietet **Kungliga Operan** (☼ F 5, Jakobs torg 2, T 08 24 82 40, www.operan.se, T-Kungsträdgården). Die große Bühne mit internationalem Renommee ist der festliche Rahmen für klassische Ballett- und Opernaufführungen von ›Schwanensee‹ bis ›La Bohème‹.
Ein Leckerbissen für Opernfans ist die historische Bühne von **Drottningholms slottsteater** (► S. 75).

Neben Ensembles des klassischen Balletts sind gerade auch Modern Dance und Tanztheater in Stockholm eine feste Größe und viel beachtete Tanzkompanien sind hier zuhause: Die wichtigsten Bühnen sind **Dansens Hus** (☼ E 4, Barnhusgatan 14, Ticket-T 08 50 89 90 00, www.dansenshus.se, T-Hötorget oder T-Centralen, Bus 50, 69 bis Norra Bantorget), **MDT** (Moderna Dansteatern) (☼ G 6, Skeppsholmen, www.mdtsthlm. se) sowie **Teater Galeasen** (☼ G 6, Skeppsholmen, www.galeasen.se).

Tickets im Vorverkauf
Ob Oper, Theater, Ballett, Schlosskonzert oder Jazz-Event, die zentrale Stelle für den Ticket-Vorverkauf ist entweder Stockholm Visitor Center im Kulturhuset (► S. 111) oder Biljett Direkt T 077 17 01 70 70, www. ticnet.se. Für Konzerte im Konserthuset oder Aufführungen in der Oper kann man sich auch telefonisch oder direkt an die jeweiligen Verkaufsbüros wenden. Beim Kauf an der Opernkasse werden 30 SEK extra berechnet. Einfacher und preiswerter ist der Onlinekauf einer Karte für die Oper.

Wenn die Nacht beginnt

Livejazz-Auftritten: offene Bühne jeden Samstag 14–19 Uhr beim Blues Jam.
Stora Nygatan 5, Gamla stan, T 08 20 57 93, www.stampen.se, T-Gamla stan, Mo–Do 17–20 (after work), Konzerte ab 20 Uhr, Fr/Sa 20–2 Uhr

Rock und retro, auch live
Twang ☼ F 8
Wer den Abend ein bisschen früher beginnen kann, sollte hier reinschauen: Twang ist vor allem eine Gitarrenwerkstatt und ein traditionsreicher Treffpunkt für Gitarrenfans. Viele Musiker lassen ihre Schätzchen hier restaurieren. und gelegentlich ergeben sich Livekonzerte. Liebhaber richtig herzerfrischend guter Rockmusik aus den 1960ern und 70ern sind hier goldrichtig. Zwischen den anheimelnden Retromöbeln aus den 1960er-Jahren oder draußen auf der Flanier-Allee Katarina Bangata kann man es sich mit einer Flasche Bier und einem ordentlichen Teller Hausmannskost gemütlich machen.
Katarina Bangata 25, Södermalm, T-Skanstull, www.vintageandrare.com, Di–Fr 11–18, Sa 11–17, So 12–17 Uhr

SCHWUL UND LESBISCH

Relaxen am Wasser
Mälarpaviljongen ☼ C 6
Sommerrestaurant mit Skagen-Toast und anderen Leckereien (ca. 189–235 SEK), darunter passend zur Location viel Fisch, eine Bar zum Draußensitzen auf der Terrasse und im wunderschön angelegten Garten am Ufer des Mälarsees.
Norr Mälarstrand 64, Kungsholmen, T 08 650 87 01, www.malarpaviljongen.se, T-Fridhemsplan oder T-Rådhus, Bus 3, 40, 62 (Polhemsgatan), 52 (Pontonjärparken), April/Mai–Sept. (je nach Wetter) tgl. 11–1 Uhr

Partyschiff
Patricia ☼ D 7
Die ausgelassenen klubbkvällar auf dem Schiff ›Patricia‹ sind legendär – Party und Disco bis zum Gehtnichtmehr, und Freitagnacht ist *gaykväll*. Fürs Essen ist auch gesorgt: Do günstige Restaurantangebote (ab 175 SEK). Auf der Karte stehen z. B. Hummerportionen ab 269 SEK.
Söder Mälarstrand, Kajplats 19, Södermalm, www.patriciastockholm.se, T-Mariatorget, Do ab 17, Fr/Sa 18–5, So gayklubb bis 5 Uhr

Restaurant und Gay-Treff
Side Track Bar & Restaurant ☼ D 8
Die klassische Gay-Bar ein paar Schritte vom Mariatorget ist mittlerweile Stockholms älteste. mit einem guten Restaurant. Burger gibt es ab ca. 170 SEK, Hauptgerichte kosten 185–215 SEK.
Wollmar Yxkullsgatan 7, Södermalm, www.sidetrack.nu, T-Mariatorget, Ausgang Mariatorget, Sept.–April Di 18–0, Mi–Sa 18–1, Mai–Aug. Mi–Sa 20–1 Uhr

Ballerinas von morgen üben klassisches Ballett für den Auftritt in der Oper.

Hin & weg

ANKUNFT

...mit dem Flugzeug

Stockholm Arlanda (ARN, 44 km nördlich): Transfer ins Zentrum vom Flughafen per Bahn mit dem Vorortzug SL-pendeltåg (www.sl.se, 38 Min.) oder – schneller und kaum teurer – mit dem ArlandaExpress (www.arlandaexpress.com, 20 Min., Erw. 295 SEK, Hin- und Rückfahrt 570 SEK). Am günstigsten ist aber der Flughafenbus: Den Fahrschein für den Bus ins Zentrum bucht man günstig online (www.flygbussarna.se oder www.swebus.se, 45 bzw. 35 Min., Erw. 99 SEK einfache Fahrt) oder zahlt (Kreditkarte) am Automaten. Keine Barzahlung beim Fahrer!

Ein gutes Stück südlich von Stockholm bei Nyköping liegt der Flughafen **Stockholm Skavsta** (NYO, 100 km südlich), den Billigflieger ansteuern. Die Flughafenbusse bis Stockholm Cityterminalen (Busbahnhof) benötigen 1 Std. 20 Min. (Erw. 139 SEK, Hin- und Rückfahrt 278 SEK).

Mit dem **Taxi in die City** zahlt man einen Festpreis ab 675 SEK (wichtige Hinweise dazu s. auch S. 113). Wenn man zu mehreren reist, ist es also durchaus lohnend, sich mit dem Taxi in die Stadt bringen zu lassen. Man kann ein Airport-Taxi an den Flygtaxi-Schaltern in den Terminals 2, 4 und 5 in Arlanda buchen oder besser schon vorab unter www.flygtaxi.se. Auch bietet Flygbussarna einen ›door-to-door‹-Service (s. Homepage www.flygbussarna.se).

... mit der Bahn

Es ist zweifellos umweltverträglich, wenn auch zeitaufwendig, mit der Bahn anzureisen. Berlin und Malmö verbindet Mitte Juni–Mitte Aug. (nicht tgl.) der Berlin Night Express, ein Nachtzug via Sassnitz (www.snalltaget.se); von Malmö fährt man in 4 Std. 30 Min. bis Stockholm. Mit der DB führt die schnellste Zugverbindung von Hamburg nach Stockholm via Kopenhagen über die Öresundbrücke und mit Umstieg in Malmö. Fahrtzeit Hamburg–Stockholm: 9 Std.

Günstig ist das Angebot ›Europa-Spezial Schweden‹ der DB, z. B. kostet die einfache Fahrt Hamburg–Stockholm drei Monate im Voraus gebucht ab 39,90 € (www.bahn.de).

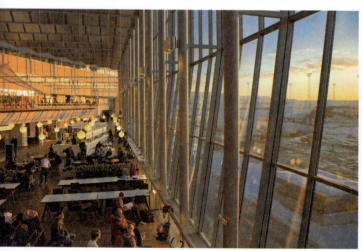

Warten mit Aussicht: Panoramafenster im Flughafen Arlanda.

Hin & weg

GELD UND WÄHRUNG

In Schweden gilt zwar die Schwedische Krone (SEK), aber Bargeldlosigkeit ist das erklärte Ziel der schwedischen Regierung. Häufig kann nur noch mit Karte bezahlt werden, in Bus und Bahn sowieso. Auch in vielen Geschäften, Restaurants, Läden gehört ›bargeldlos‹ zum guten Ton. Es wird extra darauf hingewiesen, wenn noch mit Münze oder Schein bezahlt werden muss: *endast kontanter* (nur Bargeld).

INFORMATIONEN

Informationen zu Schweden: www.visitsweden.com: aus Deutschland T 069 22 22 34 96, aus Österreich T 01 92 867 02, aus der Schweiz T 04 45 80 62 94.
Speziell zu Stockholm
Stockholm Visitor Center: Kulturhuset, Sergels torg 3, T 08 50 82 85 08, touristinfo@stockholm.se, Mo–Fr 9–19, Sa 10–17, So 10–16 Uhr.
Im Internet
www.visitsweden.com: Das Portal von Visit Sweden hilft in deutscher Sprache benutzerfreundlich bei allen Fragen, die Schwedenreisende bewegen – ein guter Einstieg mit Vorabinformationen über die Region Stockholm und vielen weiterführenden Links.
www.kungahuset.se: Die offizielle Website des schwedischen Königshauses; Neues vom Hofe sowie alles Wissenswerte zur Besichtigung der königlichen Schlösser in und um Stockholm.
www.visitstockholm.com: Die offizielle Homepage der Stockholmer Touristeninformation lässt kaum Fragen offen. Die hervorragende deutsche Fassung gibt Auskunft zu fast jedem denkbaren Thema, Veranstaltungstipps für den Tag und die Nacht, Bars, Cafés und Restaurants. Infos zu Museen und Attraktionen, Tipps für den Aktivurlaub lassen sich bequem abrufen.
www.stockholm.se: Die offizielle Homepage der Stadtverwaltung gibt es

FAHRRADVERLEIH

Stockholm City Bikes
Die rund 1000 Stockholm City Bikes, die an 80 Standorten in der Innenstadt bereit stehen, sind Leihräder, die ein rudimentäres Fortbewegen ermöglichen. Sie haben keine Gangschaltung und ziemlich kleine Räder. Sie können gegen Anmeldung und Vorauskasse mit einer Magnetkarte – es kann die elektronische Access-kort der Verkehrsbetriebe SL benutzt werden – entriegelt und benutzt werden, jeweils nur maximal drei Std. lang, danach muss man sich ein anderes Rad nehmen. Die Karte gilt eine ganze Saison oder auch nur drei Tage und ist u.a. erhältlich in den SL-Center und im Stockholm Visitor Center (www.citybikes.se, 250 SEK/Saison, 165 SEK/3 Tage) – ein bisschen umständlich, aber die preiswerteste Art, ein Fahrrad zu leihen.
Weitere Fahrradverleiher
›Normale‹ Fahrräder verleihen: Djurgårdsbrons Sjöcafé (► S. 50) sowie Gamla stans cykel (► S. 82).

auch in einer englischen Zusammenfassung. Schlaglichtartig aufbereitete Details aus der Geschichte der Stadt, aber auch viel über die Projekte und Probleme der Gegenwart und Zukunft: Bevölkerungswachstum, Wohnungsbau, Verkehrssituation.

TELEFON UND INTERNET

In Schweden (Vorwahl 00 46) hat nahezu jeder ein Handy *(mobiltelefon)*. Öffentliche Telefone gibt es überhaupt nicht mehr, Telefonzellen braucht man gar nicht erst zu suchen.
Wer mit Smartphone oder Laptop Anschluss ans Netz sucht, findet WLAN in vielen Restaurants, Hotels, Cafés und in öffentlichen Gebäuden, z. B. im Busbahnhof Cityterminalen, am Flughafen Arlanda, im Kulturhuset, außerdem bei

Hin & weg

der Touristeninformation und in zahlreichen Pressbyrån-Läden.
Nützlich zum Auffinden von kostenlosen WiFi-Spots sind die entsprechenden Infos auf der Homepage der Touristeninformation www.visitstockholm.com.

REISEN MIT HANDICAP

Schweden verfügt über vorbildliche Einrichtungen für Behinderte *(handikappade, funktionshindrade)* bzw. zum barrierefreien Vorwärtskommen. Umfangreiche Informationen dazu findet man unter www.visitsweden.com, Stichwort ›Barrierefreies Reisen‹.

SICHERHEIT UND NOTFÄLLE

Nicht nur im Gedränge der Stockholmer Einkaufszonen ist Vorsicht vor Taschendieben geboten, auch spät am Abend in Restaurants, Discos und Nachtclubs.
Notruf landesweit: 112; Polizei Stockholm: T 114 14; Kreditkarten-Sperrung: zentral T 0049 11 61 16; Deutsche Botschaft: T 08 670 15 00, www.stockholm.diplo.de; Österreichische Botschaft: T 08 665 17 70, www.aussenministerium.at/stockholm; Schweizer Botschaft: T 08 676 79 00, www.eda.admin.ch/Stockholm.

UMWELTFREUNDLICH UNTERWEGS

Radfahren
Es gibt in Stockholm nicht nur ein dichtes Netz an Radwegen, häufig bewusst abseits der großen Autotrassen angelegt, auch die ausgedehnten Naturgebiete ermöglichen stressfreies Radeln. Bisweilen sind zwar Steigungen zu bewältigen, aber auf Djurgården und im Hagaparken kommt man richtig in Fahrt. Die Mitnahme von Rädern in Bus und *tunnelbana* ist allerdings nicht möglich, nur im *pendeltåg* zu manchen Zeiten und nicht ab Hauptbahnhof (Centralen). Eine Radwegekarte gibt es u. a. bei der Touristeninformation oder unter: www.stockholm.se, Stichwort ›cykelkarta‹.

Öffentlicher Nahverkehr
Infos: zum Stadtverkehr (u. a. Bus- und Schienennetzplan) www.sl.se.
Schiene: Das Netz der Stockholmer U-Bahn *(tunnelbana)* reicht bis in die Vororte. Ihre Eingänge sind mit einem blauen T auf weißem Grund gekennzeichnet. Daneben verkehrt in den Randbezirken die S-Bahn mit Linien wie Tvärbana oder Saltsjöbana. Vorortzüge *(pendeltåg,* die Eingänge bzw. Stationen sind mit einem J gekennzeichnet) verbinden das Zentrum mit u. a. Nynäshamn, Märsta, dem Flughafen Arlanda und Södertälje. Eine

---

VERGÜNSTIGUNGEN

Der Stockholmpass gilt für über 60 Sehenswürdigkeiten in Stockholm. Ob die Anschaffung sich wirklich lohnt, kommt auf das Besichtigungsprogramm an, das Sie vorhaben – und ob sie es schaffen …. Erwachsene zahlen für 24 Std. Gültigkeit 645 SEK, drei Tage kosten 1045 SEK. Wenn man das Angebot zur Besichtigung der nichtstaatlichen Sehenswürdigkeiten nutzt – es sind eine ganze Menge, u. a. auch das Schloss oder private Ausstellungshäuser wie Fotografiska, die mit relativ hohen Eintrittspreisen von rund 150 SEK zu Buche schlagen – und es dann noch schafft, die Sightseeing-Bootstour (Mai–Dez.) zu absolvieren, hat man ein gutes Geschäft gemacht. Außerdem gibt es Rabatte bei Dampferfahrten u. a. nach Schloss Drottningholm. Zu bedenken ist allerdings, dass die meisten Museen Kindern unter 18 Jahren freien Eintritt gewähren. Erhältlich ist der Pass online oder in Stockholm selbst bei vielen Hotels und den Touristeninformationen. Infos über die angebotenen Sehenswürdigkeiten: www.stockholmpass.de.

Hin & weg

einzige Straßenbahnlinie *(spårväg)* gibt es in Stockholm; sie verkehrt zwischen T-Centralen und Waldemarsudde auf Djurgården.

Stadtbusse: Ein dichtes Busnetz erschließt die Innenstadt, neben den roten gibt es fünf blaue Schnellbuslinien (alle 5–10 Min.). Bis der Umbau von Slussen, des wichtigsten Verkehrsknotenpunktes der Stadt, im Jahr 2025 abgeschlossen ist, fahren die Busse in den Osten von Södermalm, z. B. Richtung Sofia durch den Tunnel und die Folkungagatan.

Fahrkarten: Am günstigsten sind Netzkarten mit 24 Std. (125 SEK), 72 Std. (250 SEK) oder 7 Tagen (325 SEK) Gültigkeitsdauer für alle Verkehrsmittel des SL, Storstockholms Lokaltrafik: Bus, tunnelbana, pendeltåg, Straßenbahn, Fähre. Man bekommt sie in Pressbyrån-Läden und in großen SL-Centern, z. B. an den Bahnhöfen T-Centralen oder Odenplan. Erforderlich ist dafür der Kauf der elektronischen SL-Access-kort (einmalig 20 SEK). Einzelfahrkarten sind im Automaten oder am Schalter in den U-Bahnstationen vor der Fahrt zu lösen, erlauben Umsteigen sooft man will und gelten 1 Std. (siehe Aufdruck auf dem Ticket). Wer unter 20 oder über 65 Jahre alt ist, erhält Ermäßigung.

Fähren: Djurgårdsfärjan, die Djurgården-Fähre, verkehrt tagsüber zwischen Gröna Lund/Skansen, Skeppsholmen und Slussen (ca. alle 20 Min., Sommer/Wochenende häufiger). Von Nybrokajen besteht außerdem Linienverkehr per Boot nach Nacka (Sjövägen), gedacht für Pendler in die südöstlichen Stadtteile, aber auch ideal, um sich als Besucher der Stadt mal Ostseeluft um die Nase wehen zu lassen. Die SL-Tickets für Bus und Bahn gelten auch auf den genannten Fährlinien.

Boote in die Schären: ab Strömkajen (vor Grand Hôtel) und Nybrokajen (Strandvägen), Infos und Fahrpläne: www.waxholmsbolaget.se.

Taxis
Vieles ist in Schweden geregelt – aber nicht die Taxipreise. Und leider sind auch Betrüger unterwegs, die überhöhte Preise verlangen. Lizenzierte Taxis erkennt man an gelben Nummernschildern. Wichtig: Keinesfalls in das erstbeste Taxi in der Reihe steigen, sondern sorgfältig auswählen bzw. telefonisch ordern. Die Tarife für Standardtouren, z. B. Stockholm City–Arlanda (▶ S. 110), sind an den Taxis außen an der Scheibe angegeben, dennoch unbedingt den Preis vorher aushandeln! Verlässliche Unternehmen sind: Taxi Stockholm T 08 15 00 00, Taxi Kurir T 08 30 00 00.

STADTRUNDFAHRTEN

Citysightseeing bietet verschiedene Touren per Bus an, aber auch kombinierte Bus-/Bootstouren unterschiedlicher Dauer (Hop-on-Hop-off, www.stromma. se). Der offene Doppeldeckerbus von Open Top Tours fährt eine bestimmte Route ab und ermöglicht Fahrtunterbrechungen (ganzjährig außer Januar). Besonders schön sind Sightseeingtouren per Boot (ab Stadshusbron oder Strömkajen).

STADTFÜHRUNGEN

Im Sommer finden u. a. englischsprachige Touren durch Gamla stan statt. Termine beim Stockholm Visitor Center bzw. auf der Website.

Kunst in der U-Bahn: Station Centralen der blauen Linie.

O-Ton Stockholm

Kungsan

beliebte Abkürzung langer Worte
Kungsträdgården

hej / hejsan!

hallo!

VARSÅGOD

bitte

hejdå!

tschüss!

tack /tack så mycket / tusen tack

danke / vielen Dank / tausend Dank
Man kann nicht oft genug danke sagen …!

08: a

lies: nollåtta
Stockholmer (Telefonvorwahl 08)

LATTE-PAPPA

Latte-Pappa
*junge Hipster-Väter
(die gern Latte trinken)*

Stockholmsvegetarian

mellis

kurz für *mellanmål*
kleine Zwischenmahlzeit

›Stockholm-Vegetarier‹
ein Gelegenheits-Vegetarier, weil es gerade ›in‹ ist, der aber eigentlich durchaus Fleisch isst

rund under fötterna

wörtlich ›rund unter den Füßen‹
angesäuselt, beschwipst

kasta yxan i sjön

die Axt in den See werfen
Die Flinte ins Korn werfen (aufgeben)

Register

25 kvadrat konsthant-
verk 101

A
ABBA 79, 120
Abbamuseum 79
Abyssinia 97
Adolf Fredriks kyrka 31
af Chapman 47
Afroart 102
Afternoon Tea 96
Alkohol 90, 104
Almgrens Sidenväveri &
Museum 62, 63
Älskade Traditioner
97
Altersgrenzen 105
Angelas Deli 71
Ankunft 110
Antikvariat August 99
Antiquitäten 98,
100
Architektur 81
ArkDes 45
Asplund 41, 43

B
Badeplätze 82
Bahn 110
Ballett 108
Bars 105
Bed & Breakfast 86
Behinderte 112
Berns 42, 105
BestWestern NoFo Hotell
88
Beyond retro 101
Biblioteksgatan 98
BioRio 106
Birger Jarlsgatan 10, 98
Björnö naturreservat 83
Blå Hallen 33
Blå Porten 38
Blå Porten (Café) 93
Blasieholmen 10
blås & knåda 61, 62
Blockhusudden 59
Brunnsvikens strandbad
82
Bruno 63
Bücher 99
Bünsowska Huset 37
Busnetz 113

C
Café Blå Porten 93
Café Eclair 91
Café Himlavalvet 85
Café Proviant 106
Café Ritorno 72, 91
Café Rival 62
Cafés 91
Café String 65, 66
Cajsa Warg 99
Carl Malmsten 38
Carl XVI Gustaf, König
21
Castanea Hostel 87
Centralbadet 85
Chinesisches Schlösschen
74
Chokladfabriken 100
Chutney 66, 96
Ciao Ciao Grande 94
Cinemateket 106
City Backpackers 88
City Hostel 87
Citymaut 7
Clarion Hotel Sign 89
Coctail deluxe 66, 67

D
Dachspaziergang 82
Daisy Dapper 65, 103
Dalagatan 70
Dansens Hus 108
Debaser Strand 107
Delikatessen 99
Den Gyldene Freden
27, 28
Design 81, 101
Designtorget 41, 101
Djurgården 11, 38, 56,
82, 84
Djurgården-Fähre 4,
45, 113
Djurgårdsbron 37
Djurgårdsbrons Sjöcafé
38, 50, 95
Djurgårdsbrunnsbron 58
Djurgårdsbrunnskana-
len 58
Djurgårdslinjen 39
Döden i grytan 95
Dramaten 10, 36, 108
Drottninggatan 98
Drottningholms slott 73

Drottningholms slottstea-
ter 75, 108

E
East 43
Einkaufen 98
Ekoparken 6, 58, 80
Ekstedt 97
Engelen 107
Eric Ericsonhallen 46,
77
Erik, hl. 120
Etnografiska Museet 78
Evert Taubes terrass 24

F
Fähre 4, 85, 113
Fahrkarten 113
Fahrrad fahren 57
Fahrradverleih 111
Fartygsmagasinet 27, 28
Fasching 107
Filadelfiakyrkan 70
Fiskargatan 63
Fjäderholmarna 76
Flickorna Helin & Voltaire
92
Flohmärkte 100
Flughafen Arlanda 110
Flughafen Skavsta 110
Fotografiska 79
Funktionalismus 81

G
Gallerian 98
Gamla Lampor 41, 43
Gamla stan 10, 25, 90,
98, 104
Gärdet 81
Geld 111
Globen 11
Goldener Saal 33
Gondolen 105
Götgatsbacken 63
Grandpa 66, 67
Gröna Lunds
Tivoli 5, 11
Gudrun Sjödén 103
Gustav II Adolf, König
22, 48, 50
Gustav III, König 20,
27, 84
Gyllene Salen 33

Register

H

Hagapark 82, 84
Haga Tårtcompani & Bageri 91
Hallwylska Museet 38, 39
Hamburgerbryggeriet 69
Hammarbybacken 6, 83
Hammarby Sjöstad 4, 7, 67
Helgeandsholmen 10, 28
Helin & Voltaire 92
Hellasgården 83
Hermans Trädgårdscafé 95
Hermitage 27, 95
Herr Judit 100
Herr Larsson 67
Himlen 65, 105
Historiska Museet 38, 39
Hornsgata 61
Hornsgatspuckeln 61, 62
Hotel Diplomat 37
Hotel Esplanade 37
Hotel J 88
Hotel Långholmen 87
Hotel Rival 89
Hotels 86
Hötorget 10, 30, 100
Hötorgscity 31
Hötorgshallen 31, 102
Hötorgsskraporna 31
Humlegården 42

I

Informationsquellen 111
Internet 111
IRIS Hantverk 101
Isbladskärret 59

J

Johan & Nyström 62, 91
Judits 100
Junibacken 50

K

Kaffee 92
Kafé Esaias 12, 92
Kalf & Hansen 93
Kanutouren 4, 82
Kaolin 61, 62
Karlbergs slott 72
Karl XII, König 24

Karl XIV Johan, König 22, 58
Kastellholmen 47, 77
Katarina bangata 100
Katarina kyrka 77
Katarina Ölkafe 106
Katarina-Viertel 63
Keramikerna 102
Kina slott 74
Kino 106
Klarabergsgatan 98
Kneipen 105
Knut Bar 96
Koh Phangan 66
Kolingen 107
Königliches Schloss 10, 21
Konserthuset 10, 31
Konsthantverkarna 62
konstochfolk 61, 62
Köpmantorget 28
Kristina, Königin 22
Kulturarvskort 80
Kulturhuset 30
Kulturhuset-Stadsteatern 108
Kungliga Biblioteket 42
Kungliga Dramatiska Teater 36, 108
Kungliga Operan 108
Kungliga Slottet 10, 21, 23
Kungsgatan 31
Kungsholmen 11, 32
Kungstornen 31
Kungsträdgården 10, 84
Kunstgalerien 62
Kunsthandwerk 101
Kvarnen 105

L

Ladugårdsgärdet 6
Landhebung 28
Långholmen 11, 84
Långholmens strandbad 82
Larsson, Stieg 61, 120
Lasse i Parken 95
Lebensmittel 99
lesbisch 109
Lindgren, Astrid 70, 120
Lisa Larsson Second Hand 66, 67

Livemusik 107
Livrustkammaren 23, 24
Lotta Vintage 100

M

Magnus Ladulås 24
Mälardrottningen 33, 120
Mälarpaviljongen 109
Mariaberget 61
Maria Magdalena kyrka 61, 62
Mariatorget 61
Märkte 100
Markthalle 40
Markthallen 6, 102
Mårten Trotzigs gränd 26
MDT 108
Medborgarplatsen 11
Mellqvists kaffe & bar 91
Mellqvists Kaffe & Bar 70, 71
Milles, Carl 31, 37, 55, 77, 78
Millesgården 78
Minh Mat 93
Mode 103
Moderna Museet 44
Modernity 41, 43
Monica Zetterlunds park 72
Monteliusvägen 61
Mosebacke 108
Mosebacke torg 104
Motel L 88
Museen 80
Museum Tre Kronor 24
Musikläden 99
Myrorna 102

N

Nachtleben 104
Nacka 85
Nackareservatet 83
Nacka Strand 7, 77
Nalen 108
Nationalmuseum 78
Nationalparks 83
Nationalstadspark 6
Naturhistoriska Riksmuseet 79
NK 98
Nobelmuseet 26, 78

Register

Nobelpreis 22, 31, 78
NoFo Hotell 88
Non Solo Bar 70, 71, 92
Nordiska Museet 11
Norra Djurgården 6
Norrbro 4
Norr Mälarstrand 35
Norrmalm 10, 29
Norrmalmstorg 98
Norrport, Pub & Restaurang 107
Notfälle 112
Notruf 112
Nya Carnegiebryggeriet 67, 106
Nybrokajen 76
Nytorget 65

O
Oaxen slip & krog 95
Oberservatoriekullen 69
Observatorielunden 70, 85
Observatorium 70
Odengatan 70
Odenplan 10, 69
Odenplans Bilskola 69
Öffentlicher Nahverkehr 112
Oper 108
Orgánico 96
Orpheusbrunnen 31
Östasiatiska Museet 46
Österlånggatan 28
Östermalm 10, 40, 90, 104
Östermalms saluhall 10, 40, 103
Östra Brobänken 5, 47
Östra Station 81
Outdoor 82

P
Palme, Olof 31
Pärlans konfektyr 66, 100
Patricia 109
Pause 84
Pelikan 64, 66, 107
Pet Sounds 66, 99
Pet Sounds Bar (PSB) 66
Piperska Muren 35
Postmuseum 26

Prästgatan 26, 28
Prinsens Ek 57
Prins Eugens Waldemarsudde 57, 59, 77, 85

R
Radfahren 82, 112
Rådhuset 35
Rålambshovsparken 35
Rathaus 11, 32
Record Hunter 99
Reichstag 10, 24
Reisen mit Handicap 112
Restaurang Göteborg 67, 93
Restaurants 90
retro.etc 100
Riddarholmen 10
Riddarholmskyrkan 10, 23, 24
Riksdagshuset 23, 24
Rikssalen 22
Roddargatan 63
Rörstrandsgatan 70, 104
Rörstrands Porzellanfabrik 69
Rörstrands slott 70
Rosendals slott 58, 59
Rosendals Trädgård 57
Rosendals Trädgårdskafe 58, 59
Roslagsbana 69
Roslagsgatan 69, 72
Ryös Antikvariat 99

S
Salander, Lisbeth 120
Salong Pottan 71, 102
Saltsjöbadens Friluftsbad 85
Saltsjöbana 112
Sankt Eriksplan 70, 98, 104
S-Bahn 112
Schären 37, 76, 83, 85, 113
Schiffsausflug 85
Schloss 10, 20
Schloss Drottningholm 73
Schwul 109
Secondhand 5, 100, 102
Sergels torg 10, 29

Shanti Classic 66
Shanti Touch of Bengal 97
Shock 103
Sibiriens Soppkök 94
Sicherheit 112
Side Track 108, 109
Sjöhistoriska museet 79
Sjövägen 85, 113
Sjöwall/Wahlöö 35, 61
Skanstulls Hostel 87
Skattkammaren 22
Skeppsbron 28
Skeppsholmen 5, 10, 44, 77
Skeppsholmen Hotell 88
Skeppsholms kyrka 77
Skifahren 83
Skinnarviksberget 63
Skogskyrkogården 81
Skt. Johanneskyrka 31
Skybaren 65
Slottsboden 23
Slottskyrkan 22
Slussen 7, 10
Smedsuddsbadet 82
Smiley Vintage 103
Snickarbacken 30
Söderhallarna 103
Södermalm 7, 11, 60, 64, 90, 104
Södermanna 96
Södra Djurgården 6
Södra teatern 108
SoFo 11, 64
SoFo Nights 67
Spisa hos Helena 94
Spy Bar 42
Stadsbiblioteket 10, 69, 81
Stadshuset 11, 32
Stadshusterrassen 35
Stadsmission 102
Stadsteatern 30
Stadtbusse 113
Stadtführungen 113
Stadtrundfahrten 113
Stampen 108
Stand-Up-Paddeln 85
STF Vandrarhem af Chapman 87
STF Vandrarhem Långholmen 87

117

Register

STF Vandrarhem Zinkensdamm 87
StikkiNikki 62
Stockholmare 120
Stockholm City Bikes 111
Stockholmpass 80, 112
Stockholms Medeltidsmuseet 27, 28
Stockholms Stadsmission 27
Stockholms stadsmuseum 60, 62
Stockholm Visitor Center 30, 111
Storkyrkan 21, 23
Stortorget 25
Story Hotell 89
Strandvägen 10, 36
Straßenbahn 39, 113
Strindberg, August 70, 120
Strindbergsmuseet 71, 72
Sturebadet 41, 42
Sturecompagniet 42, 43
Suregallerian 41, 43
Sturehof 43
Sturekatten 43, 91
Stureplan 10
Sundbergs konditori 27
Svampen 42
Sveavägen 31, 70
Svensk Hemslöjd 101
Svenskt Tenn 38, 39
Swedish Hasbeens 103

T
Tanto strandbad 82
Tanz 108
Tårtan 92
Taxi 110, 113
Teater Galeasen 108
Tekniska Museet 79
Telefon 111
Tennstopet 105
Tessinparken 100
Theater 108
Thielska Galleriet 59
Tickets (Veranstaltungen) 108
Time4Thai 97
Torpedverkstan 46
Trädgården 107
Trångt & Trevligt 27
tunnelbana 112
Tunnelgatan 31
Tvärbana 4, 112
Twang 65, 109
Tyresta nationalpark 83
Tyska Brinken 26
Tyska kyrkan 26

U
U-Bahn 4, 112
Übernachten 86
Uffe o Lottas 93
Unterkunft 86
Urban Deli Nytorget 65, 66, 99
Urban Deli Sveavägen 100

V
Vädersolstavlan 21
Vasamuseet 11, 48, 50, 77
Vasaparken 70
Vasastan 68, 90
Västerbron 11, 35
Västerlånggatan 26
Vaxholm 85
Vegamonumentet 70
Vegetarisch 95
Vergünstigungen 112
Vete-Katten 91
Victoria (Kino) 65, 66, 106
Victoria, Kronprinzessin 21, 120
Vikingaliv 50, 51
Vurma 93

W
Wachablösung 21
Währung 111
Waldemarsudde 57, 59, 85
Wandern 83
Waterfront Building 15
Weekday 62, 63
Wienercafeet 38
Wikinger 39

Z
Zetterlund, Monica 72, 120
Zita 106

Das Klima im Blick
Reisen bereichert und verbindet Menschen und Kulturen. Wer reist, erzeugt auch CO_2. Der Flugverkehr trägt mit bis zu 10 % zur globalen Erwärmung bei. Wer das Klima schützen will, sollte sich – wenn möglich – für eine schonendere Reiseform entscheiden oder die Projekte von atmosfair unterstützen. Flugpassagiere spenden einen kilometerabhängigen Beitrag für die von ihnen verursachten Emissionen und finanzieren damit Projekte in Entwicklungsländern, die dort den Ausstoß von Klimagasen verringern helfen (www.atmosfair.de). Auch die Mitarbeiter des DuMont Reiseverlags fliegen mit atmosfair!

Abbildungsnachweis | Impressum

Abbildungsnachweis
DuMont Bildarchiv, Ostfildern: S. 21 (Riehle)
Monika Gumm, Hamburg: S. 12/13, 41, 64, 83, 89
Huber-Images, Garmisch-Partenkirchen: S. 42 (Carassale); 52 (Goslin); 34 (Vaccarella)
iStock.com, Calgary (Kanada): S. 26 (adisa); 32 (bzzup); 4 o. (cittadinodelmondo); 73 (Kotsell); 25 (mura); 68 (olaser)
Petra Juling, Lissendorf: S. 56, 69, 78/79, 120/8
laif, Köln: S. 54 (Asbach); 120/1 (Haenel); 67, 80, 88 (Kontinent/Karlberg); 97, 101 (Kerber); 60, 61, 63, 98 (Knoll); 7, 16/17, 36, 57, 58, 65, 90 (Lengler); 39, 113 (hemis.fr/Maisant); 74 (Modrow); 84 (Multhaupt); 48 (hemis.fr/Philippe); 120/5 (All Over Press/Polaris); 86 (Rabouan); 75 (Riehle); 29, 44, 109 (Sasse); 94, 120/3 (Polaris/Schoenbaum); 8/9, 49, 51 (Schwelle); Umschlagklappe hinten (Teichmann); 120/7 (VU/Tunbjork)
Look, München: S. 77 (Frei); 33 (NordicPhotos)
Mauritius Images, Mittenwald: 4 u. (age/VWPics /Ross); 120/9 (Alamy/Goodno); 70 (Alamy/Hempel); 120/2 (Alamy/Parker); 120/4 (Alamy/Photos 12); 76 (Alamy/Thomas) S.53 (imagebroker/Bahnmüller)
picture-alliance, Frankfurt a.M.: S. 72 (Dagbladet)
Schapowalow, Hamburg: 104 (4Corners/ Panayiotou); Titelbild, Faltplan (SIME/Canali); 40 (SIME/Mezzanotte); 14/15, 20, 22, 47 (SIME/ Rellini); 110 (SIME/Saffo)
Zeichnung S. 5: Antonia Selzer, Lörrach
Zeichnungen Umschlagklappe vorne, S. 2, 11, 24, 31: Gerald Konopik, Fürstenfeldbruck

Umschlagfotos
Titelbild: Blick von der Skeppsholmen Brücke
Umschlagklappe hinten: Karussell in Gröna Lunds Tivoli

Kartografie
DuMont Reisekartografie, Fürstenfeldbruck
© DuMont Reiseverlag, Ostfildern

Hinweis: Autorin und Verlag haben alle Informationen mit größtmöglicher Sorgfalt geprüft. Gleichwohl sind Fehler nicht vollständig auszuschließen. Alle Angaben erfolgen ohne Gewähr. Bitte schreiben Sie uns! Über Ihre Rückmeldung zum Buch und Verbesserungsvorschläge freuen sich Autorin und Verlag:
DuMont Reiseverlag, Postfach 3151, 73751 Ostfildern,
info@dumontreise.de, www.dumontreise.de

2., aktualisierte Auflage 2019
© DuMont Reiseverlag, Ostfildern
Alle Rechte vorbehalten
Autorin: Petra Juling
Bildredaktion: Susanne Troll
Grafisches Konzept: Eggers+Diaper, Potsdam
Printed in China

Kennen Sie die?

9 von fast 1 Million Stockholmer

Astrid Lindgren
Die in Småland geborene Schriftstellerin (1907–2002) lebte und schrieb 60 Jahre lang in ihrer Wohnung am Vasapark in Stockholm.

Kronprinzessin Victoria
Die älteste Tochter Carls XVI. Gustaf wird ihrem Vater auf dem schwedischen Thron folgen, denn ihr zuliebe gilt seit 1980 auch die weibliche Thronfolge.

ABBA
Gemeinsam sieht man das 1974 mit dem Hit »Waterloo« auf einen Schlag berühmte Popquartett nur noch im Museum. Die Band trennte sich 1982.

August Strindberg
1849 kam er als uneheliches Kind einer Dienstmagd in Stockholm zur Welt. Als er 1912 starb, galt er als Schwedens größter Dramatiker – bis heute.

Monica Zetterlund
Die wunderbare Stimme der Jazz- und Schlagersängerin (1937–2005) harmonierte mit allen Größen ihrer Zeit, u.a. Stan Getz oder Louis Armstrong.

hl. Erik
Im Jahr 1160 wurde der fromme König enthauptet und fortan als Märtyrer verehrt. Sein Haupt ziert das Stadtwappen und das Logo der Stockholmer Verkehrsbetriebe SL.

Lisbeth Salander
In der Verfilmung von Stieg Larssons Millennium-Krimis überzeugte Noomi Rapace in der Rolle der Hackerin und Verbrecherjägerin Lisbeth Salander.

Stockholmare
Die *grillkorv*, die den Namen der Stadt trägt, ist etwas Besonderes: Sie ist nur leicht geräuchert, enthält mehr Fleisch als andere Würste und schmeckt gut mit Gurkensalat.

Mälardrottningen
Das Mosaik im Goldenen Saal des Rathauses (Stadshuset) zeigt die legendäre Verkörperung des Mälarsees, die ›Mälarkönigin‹, Beschützerin der Stadt Stockholm.